知道越多越有趣！

色怪事典

監修　荒俣宏（あらまた　ひろし）
作者　左古文男（さこ　ふみお）

「異色妖怪事典」解說

荒俣宏（作家．博物學家）

認識妖怪這件事超有趣

最近，妖怪們常在「地方創生」的時候被用上，或者成為遊戲中的角色，匯聚了超強人氣。

小孩子本來就很愛妖精鬼怪，感覺上妖怪比起人類有趣多了，所以小孩也會想裝神弄鬼，妖怪遊行因此非常好玩。實際上，在平安時代的日本，曾經有過「百鬼夜行」這種夜間遊行。在百鬼聚集的宴會中，不小心混進去一位老爺爺的「瘤取爺爺」故事，也是「百鬼夜行」的故事之一。

如今，我們有最時尚的妖怪祭，也就是「萬聖節」，這是在美國發展的「深夜鬼怪遊行」──妖怪遊行的一種。萬聖節在每年10月31日晚上舉行，這個日子在以前的曆法裡是「除夕夜」，也就是一年最後的晚上。日本也一樣，除夕晚上，妖怪或鬼物群集出現在夜晚的街頭，形成了妖怪隊伍。只是日本的除夕，不是新曆12月31日，而是舊曆的「一年最終之日」，相當於現在的2月初。因為是新舊年的重要劃分點，所以也被稱為「節分」，不過在同為除夕的這一點上，其實和萬聖節的意義一樣。節分時會撒豆子，大叫「鬼怪滾出去」，把鬼趕出家中，就是證據。那就是日本的萬聖節。

那麼，為什麼鬼怪們會在這天特別騷動呢？因為是新年與舊年的分界，也連起了人類和死者的世界。要讓鬼怪在新的一年不能做壞事，所以要進行妖怪退治。鬼怪中也有好精靈和好怪物，因此我們可以在和樂融融的氣氛中進行。

從很久以前開始，我們就一直和妖怪們維持這樣的「交陪」。到了科學萬能的現代，有很長的一段時光，也許我們只是忘了如何和妖怪來往而已。這本書裡出現的妖怪，是日本各地殘存在古老傳統裡的「鄰居」。雖然那時還沒有現代文明，但是妖怪幫助我們想起了從前從前，在豐饒的大自然裡日本人曾有的生活方式。

各位讀者，你知道越多，就會越喜歡妖怪喲！

目錄

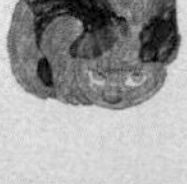

第1章 鬆軟型妖怪

妖怪很恐怖？
不不不，沒這回事。
一邊說著無聊的雙關語：
「有妖事嗎？」（有要事嗎？），
突然就現身的脫力系鬆軟可愛怪
也有很多啦。

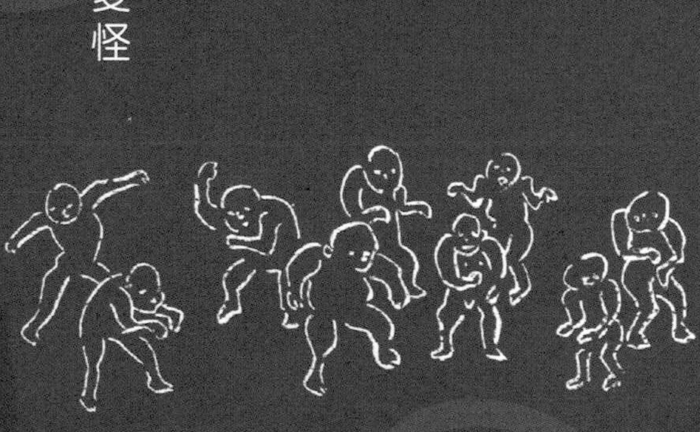

洗紅豆妖

人家只是笑著洗紅豆

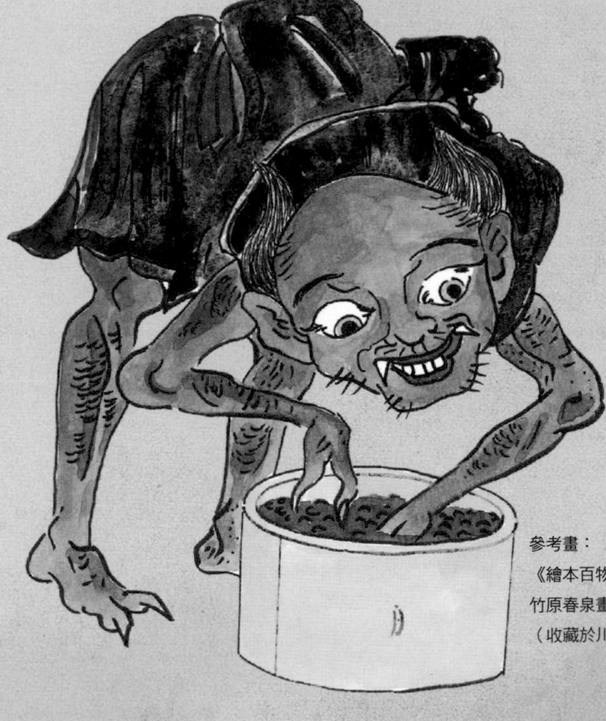
沙沙沙
沙沙沙
說什麼？
說要我幫你洗內褲？你敢！

參考畫：
《繪本百物語 桃山人夜語》
竹原春泉畫
（收藏於川崎市市民博物館）

這位妖怪在河邊發出洗紅豆的沙沙沙的聲音。在日本各地*都被目擊過，是很主流的妖怪，不過大部分的情況，都只是發出聲音，不讓別人看到他的真面目。如果你聽到聲音去接近他，聽說他會假裝不小心掉到河裡，或是幻化成別的樣子。

雖然說沒人看過他的真面目，但在茨城縣和新潟縣的佐渡島有人目擊過，也有一種傳聞說，若是家裡有女兒的女性看到洗紅豆妖的話，女兒會很快遇到好的結婚對象。

他有著身型矮小、眼睛大大的和尚模樣，在江戶時代的浮世繪和妖怪畫集裡，也描繪了他邊笑邊在河川裡洗紅豆的樣子。就像有喜事的時候要吃紅豆飯一樣，洗紅豆妖也被說成是造就幸福婚姻的好妖怪，因為從以前開始，紅豆就被認為是神聖的。也就是說，我們認為洗紅豆的妖怪是服侍神明的。

然而，也有和上述說法相反，聽說大分縣流傳著恐怖的傳說，有妖怪會在洗紅豆的時候邊唱著「是要洗紅豆呢？還是抓個人類來吃吃呢？」

＊因為是日本全國知名的妖怪，稱呼也是五花八門，像是廣島縣、愛媛縣等有「磨紅豆」、長野縣是叫做「紅豆亂洗」、岡山縣叫他「紅豆唰唰」、香川縣叫做「紅豆郎」，種類很豐富。

ぷろふぃーる

妖怪名	：洗紅豆妖
出沒地	：河邊
大小	：1 m 40 cm
異色度	：●●○○○

雨神大人的「跑腿者」

雨降小僧

「雨降小僧」可以在江戶時代的繪師—鳥山石燕的妖怪畫集或黃表紙（大人看的漫畫書）等看到，畫中小童戴著沒有傘柄的傘帽，提著燈籠。那模樣真可說是天真無邪的鬆軟系，完全看不出是會嚇人、纏住人類，或是會變身的妖怪。

也是有道理啦，這位小僧系的妖怪，是服侍雨師，也就是雨神大人的侍童。

在黃表紙漫畫裡，雨降小僧和人氣角色豆腐小僧（42頁）一樣，登場時都是負責雜事，充當下層雜役的工作。

黃表紙漫畫《您所知道的怪物（御存之化物）》裡，提到在某個雨夜，有一人在走路時，身邊走近了並非持傘、而是戴著竹斗笠、單眼的雨降小僧，兩手好像拿著什麼東西。

不管怎樣，一般來說雨降小僧都被認為是人畜無害的妖怪，不過近幾年，出現了像是「有人搶走了雨降小僧的傘來戴結果拿不下來」，或是「雨降小僧其實喜歡降下驟雨來為難行人」、「是個愛惡作劇的傢伙」等說法。

ふろ～ふい～る

妖怪名：雨降小僧
出沒地：村落
大小：1m
異色度：●●○○○

參考畫：《今昔畫圖續百鬼》
鳥山石燕畫（收藏於東北大學附屬圖書館）

匆匆忙忙奔走的瓜類怪物

與西瓜武士

雖然不曉得發生了什麼事，但是緊張兮兮，身體都往前傾了，不知道趕著要去哪裡的是「瓜武士」和「西瓜武士」[1*]。

俳句達人──與謝蕪村[2*]曾經旅行日本各地，他以親身見聞的妖怪傳承為基礎，寫下了《蕪村妖怪繪卷》，其中瓜武士與西瓜武士登場了。

兩個怪物腰上雖然插著刀，卻毫無威猛或是恐怖感。還不如說他們很滑稽，看起來像是脫力系的鬆軟角色。

＊1 正式的名字是「山城的真桑瓜怪物」和「木津的西瓜怪物」。山城和木津是地名，大概在現在的京都府內。

參考書：《蕪村妖怪繪卷》，與謝蕪村畫（東北大學附屬圖書館所藏）

瓜武士

從蕪村開始，江戶中期的妖怪畫，很多都像這樣描繪了獨特又有親切感的角色，我們也可以看出，對老江戶人而言，妖怪不是恐懼的對象，而是嘲笑的對象。

順帶一提，說到瓜，有一個詞彙叫做「瓜子臉」。現在如果跟人說：「你真是瓜子臉耶！」，也許會有人生氣回嘴說「誰說我的臉跟瓜一樣大啦！」。不過，本來瓜子臉讚美說長臉白皙的美女，對以前的女性是最高的讚美*3。

ぷろふぃ～る

妖怪名：「山城的真桑瓜怪物」和「木津的西瓜怪物」

出沒地：村落、農地

大小：兩隻都是1m左右

異色度：

＊2 與謝蕪村：江戶中期的俳句詩人、畫家。著有蕪村一門的俳句詩集《蕪村七部集》和描繪妖怪的《蕪村妖怪繪卷》等。

＊3 由於現在日語「瓜子臉」這個詞不是那麼普遍，所以一般人聽到這種說法，可能會直覺以為對方說自己的臉跟大型瓜類一樣大，反而就不是讚美了。

化妝厚到讓人看不下去的白粉妖婆

粉底太厚了吧？
那麼粗糙的濃妝很難看喔！
是誰啊？
攔住我這個白皙美人
沒禮貌！

參考畫：《今昔百鬼拾遺》
鳥山石燕畫
（收藏於川崎市民博物館）

「白粉妖婆」，是日本奈良縣十津川流域以及石川縣能登地方一帶，流傳的老婆婆妖怪。在十津川流域附近村落，據傳有老婆婆會拖著鏡子，發出「喀拉~喀拉~」的聲音現身在民眾眼前。另一方面，在能登一帶的地方，也曾傳說白粉妖婆是跟「雪女」同種類的妖怪，經常會在下著大雪的夜晚突然現身，向往來的民眾討酒喝。＊

在著名的妖怪畫集《今昔百鬼拾遺》裡，收錄著一個彎著腰的老婆婆畫像，畫中的她戴著大大的破斗笠、右手拄著一根拐杖，左手則拿著裝了酒的酒瓶。大約就是白粉妖婆傳說中的形貌。

根據這本書的解釋，白粉妖婆是侍奉「脂粉仙娘」──白粉神的侍女。

只會討酒喝的白粉妖婆似乎不會加害人類，不曾有過傷人或害人的傳聞，不過，因為她的臉上總是塗滿厚厚的一層脂粉，化妝手法又不是很細膩，讓人一看就禁不住地覺得毛骨悚然。如果在路上遇到這位白粉妖婆的話，千萬別害怕，不妨建議她可以更時尚一點，推薦她時下流行的粉底彩妝品，或教她運用最新的化妝方式上妝，也許她會開心吧（並不會）。

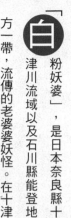

ぷろふぃ~る

妖怪名：白粉妖婆
出沒地：山中、村落
大小：1m30cm
異色度：●●●○○

＊ 民俗學者藤澤衛彥著《圖說日本民俗學全集》中的故事。

突然，從頭上掉了下來

恐怖妖頭

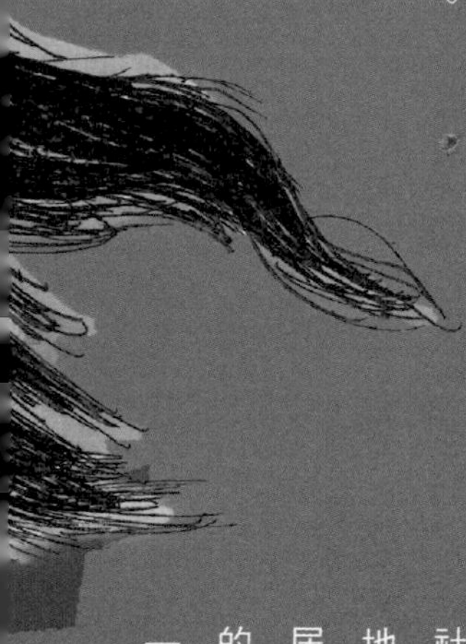

「恐怖妖頭」，在江戶時代流傳的《百怪圖卷》（*）以及許許多多古老的妖怪繪卷中都收錄了這隻妖怪。

根據不同的繪卷版本，這個妖怪有「噁噁」、「嚇人」、「毛多多」等各種不同的頭銜名諱，不過外貌模樣往往是大同小異，都是披著一頭長髮、鼻子前面還垂著一綹頭髮的樣子。

「恐怖妖頭」是在日本近畿地方的民間使用的「恐怖」方言，「噁噁」是從很不舒服的「噁心」衍生而來的名字，所以，我們可以想像它是恐怖的妖怪。加上，日本民眾稱亂髮是「恐怖髮」，可以想像「恐怖妖頭」的命名也有這層涵意。

除了百怪圖卷，在其他妖怪畫集裡，還有記載到「恐怖妖頭」坐在神社鳥居上的樣子。因此可以進一步地想像，若是不虔誠的人隨意穿過鳥居，或是發現神社裡有亂來或惡作劇的人，這隻妖怪就會突然從鳥居上方「碰！」的一聲掉下來。

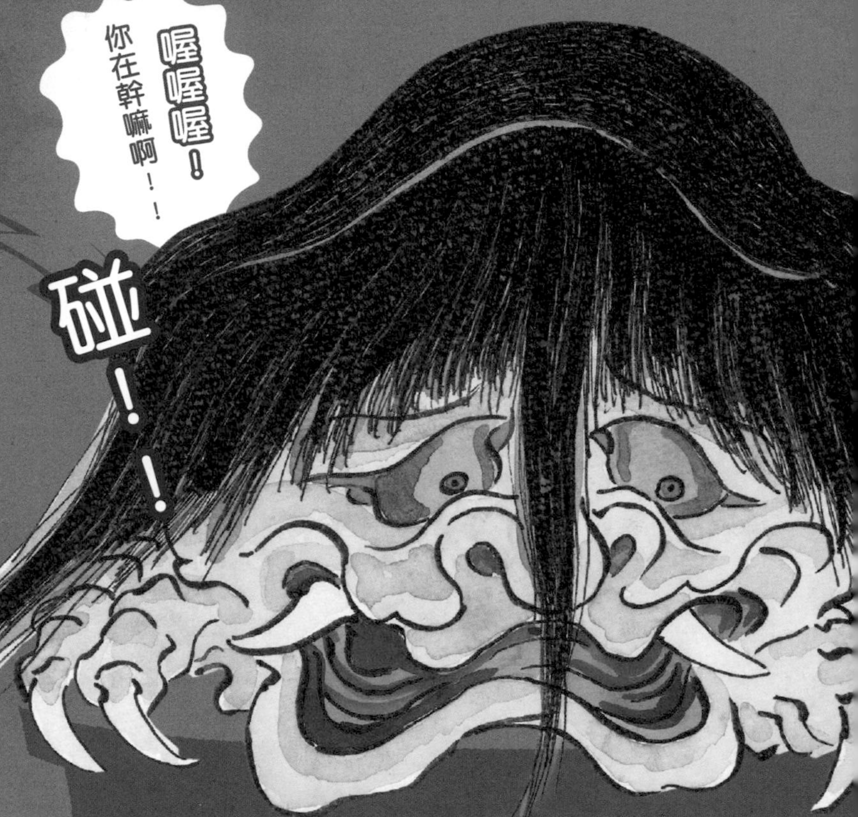

也就是說，恐怖妖頭，其實是守護著當地神明或是神社的良善妖怪。

如果你是男生的話，也許都曾因為尿急，忍不住就只好「隨處小便」的經驗吧！？但是，如果以為沒人看到，就在神社境內不起眼的角落隨便小便的話，那麼就要萬萬當心，很可能你就會被恐怖妖頭處罰了。

＊江戶時代的繪師佐脇嵩之的手繪妖怪繪卷
參考畫：《百怪圖卷》佐脇嵩之畫（福岡市博物館所藏）

ぷろふぃ～る

妖怪名：恐怖妖頭
出沒地：神社
大小：不明
異色度：●●●●○

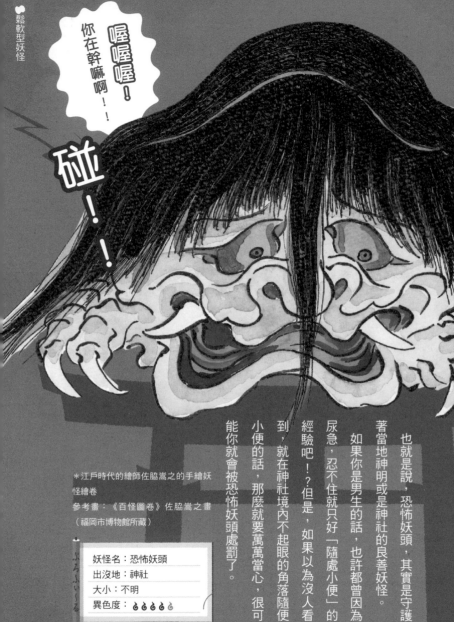

傘怪

從破傘中偷窺的獨眼是重點所在

哇！風強到傘要破掉了啦！
壞掉的雨傘，丟掉的時候，要遵守垃圾回收的規則喔
不然的話，我就變成妖怪出來嚇你！（by 兩隻腳的傘怪）

參考畫：
《百鬼夜行之圖》狩野乘信畫
（收藏於長野•真田寶物館）
《百鬼夜行圖卷》狩野宴信（友甫）畫
（收藏於廣島縣三次市「湯本豪一藏品展」）

「傘怪」是破到不能再用的舊傘變成的妖怪，又被稱為「唐傘小僧」、「唐傘怪」、「一隻腳」，是大家都很熟悉的妖怪角色。

獨眼的它，伸出長長的舌頭，揮舞著伸出來的兩隻長長手臂，用一隻腳蹦跳的樣子大家都很熟悉。

它這個模樣是江戶時代之後確定的，草双紙（插圖本）或歌舞伎中也常見，明治到大正時代的妖怪繪札和妖怪本，以及昭和以後的漫畫及電視動畫、電影等，傘怪也用這樣的姿態登場。在更早的時代，像是室町時代的繪卷物，例如《百鬼夜行之圖》[*1]裡，畫的這妖怪頭部是雨傘，身體是綠色的，和人的形貌相似，撐著一把破傘。

明明可以說有名到能稱為國民妖怪，但是幾乎沒留下任何可以佐證是何種妖怪的具體傳承。能確認的傳承，就只有新潟縣的笹神村[*2]裡出現過唐傘怪物這種妖怪而已。

ぷろふぃーる

妖怪名：傘怪

出沒地：村落

大小：70cm~1m50cm 左右

異色度：●●○○○

＊1 狩野派第二代元信的次男狩野承信所繪的妖怪繪卷

＊2 現在的阿賀野市

極少出現的毛毛怪

毛羽毛現

乍看好像是常見的寵物狗約克夏或是北京狗之類的怪物，在妖怪畫集裡它的名字是「毛羽毛現」。

解說裡，漢字標記成「希有希見」（譯註：與毛羽毛現的日文發音相同，都是けうけげん），這是「極為少見」的意思。

還有一種解釋，或許因為和另一種妖怪「毛女」長得很像，所以被稱為「毛羽毛現」。

毛女是全身長毛的中國仙人，據傳是在秦國（西元前778年~西元前206年）滅亡後逃到深山的宮女，只吃松葉，經過一百七十年左右的演化，身體輕盈，能飛到空中。

而在最近幾年所流傳的妖怪圖鑑裡，也有解說文章中提到，這種妖怪常出現在地板底下等濕氣重的無人之處，如果讓它住了下來，家裡就會有人生病。

雖然樣子看起來像小型犬一樣「鬆軟可愛」，但反過來好像是某種帶來疾病的壞神明。

ぷろふぃーる

妖怪名：毛羽毛現
出沒地：地板下，家附近的潮濕場所
大小：50cm~1m50cm 左右
異色度：🔥🔥

參考書：《今昔百拾遺》鳥山石燕畫
（川崎市市民博物館所藏）

「金勢大人（こんせいさま）」，漢字寫作「金勢樣」或「金精樣」，相傳，是擁有陽具形狀的神明。據說會帶來生子和五穀豐穰（豐收）的好處。與金勢有關的特殊信仰在日本全國都可看到。

尤其在岩手縣的遠野市，到處都可以見到與這種信仰有關的濃厚色彩。遠野市內駒形神社的神體（神明所在之物體），是男性性器官的形象。其由來如下：

「此駒形神社，一般稱之為石神。奉納男物之形。祠社之來歷如下，從前在五月耕種之時，村中年輕女性種田之處，有位旅客背著一個頭戴紅色頭巾，沒有眼睛和鼻子、五官平坦的孩子，來到現在駒形大人之處休息。也有他們死在這裡的說法。因此這邊就蓋了神社。」*

所以，那位旅客背上背的，是他自己的陽具。

ぷろふぃーる

妖怪名：金勢大人

出沒地：神社

大小：20cm~1m50cm 左右

異色度：

＊ 柳田國男著《遠野物語拾遺》

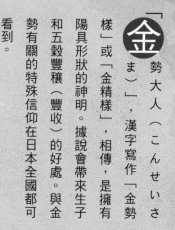

這位神明的形狀是小雞雞
金勢大人

生子先不用了，可以幫我治好尿床嗎？

好啊，你幾歲？

二十歲……

參考資料：遠野市・山崎的金勢大人

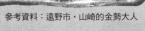

日本從古代開始，傳說只要使用一百年以上的器具，精靈（靈魂）就會住下了，它們會欺騙或迷惑人類。所以，用過的器皿和工具，不管再久，常會在第99年時丟棄掉。

說到被丟掉的器具的心情，他們可能會發怒吧！「明明再一年就能得到永久的生命了」，所以節分的夜晚，他們會變成妖怪，發起武裝革命（叛亂）。

室町時代的繪卷裡，畫過起

餐具變成妖怪了

杓子和土瓶的付喪神

妖怪名：付喪神
出沒地：人家、村落
大小：兩隻都差不多 1m30cm
異色度：●●○○○

義的工具們被人類抓到，最後遵從了佛陀的教誨乖乖成佛的傳說。

古器物或工具裡棲居的精靈生出的妖怪稱為「付喪神」，漢字也標記為「九十九神」。因為「九十九」含有漫長的時間或經驗、各式各樣的萬物（全部的事物）的意思。

在用過就丟才是理所當然的現代社會，不管什麼樣的東西過了一百年相信都會成為骨董，產生價值，蛻變成寶物。愛護物品會發生好事的。

太熊的女兒說什麼要減肥
不吃碳水化合物，
哪有這麼蠢的，
我要拿去給她吃喔。
太勉強對身體不好啦。

參考畫：江戶時代的《付喪神繪卷》，作者不詳

人面魚加上人面犬，還有在人的皮膚上腫起來的人面瘡等等，接在「人面（人的臉）」後面的妖怪就有好幾種。現今在民間所流傳的「人面樹」，也是開著像人臉一樣的花的樹妖，妖怪畫集《今昔百鬼拾遺》裡畫到了這種樹（書裡標示為にんめんじゅ）＊。

人面樹被認為是從前長在中亞「大食國」的樹，根據解說，人面樹上開的花，就像人的頭，雖然不能直接跟他說話，但是他們好像聽得懂人類的語言，你跟他搭話時，他有時候會對著你笑。可是，一笑就會凋萎，花就落地了。

雖然會用笑臉來緩和氣氛，然而是很悲哀的妖怪。

只要一笑花朵就會紛紛凋落的可悲妖怪

人面樹

根據某種說法，有人說可能是山茶花的精靈。實際上，山茶花會結出圓形的果實，人面樹也似乎會結出「人面子」這種果實。

漫畫家水木茂在著作《決定版日本妖怪大全》中，說到人面子吃下去的味道酸酸甜甜，但是種子的兩面都像是人的臉，所以應該沒人愛吃吧。

＊ 人面樹一般發音是じんめんじゅ，在日語中「人」的發音有「にん」「じん」等，可以認為《今昔百鬼拾遺》說的是同樣的怪物）
參考畫：《今昔百鬼拾遺》鳥山石燕畫（川崎市民博物館所藏）

妖怪名 ： 人面樹
出沒地 ： 深山幽谷
大小 ： 10cm 左右
（花的直徑）
異色度 ：

跟小型犬一樣
鬆軟可愛的妖怪

蹭腿怪

我是蹭腿怪
雖然長這樣但也是
獨立的成人了，
不要把我看成像是
無業遊民的
「啃爸媽小腿」的
啃老族喔。

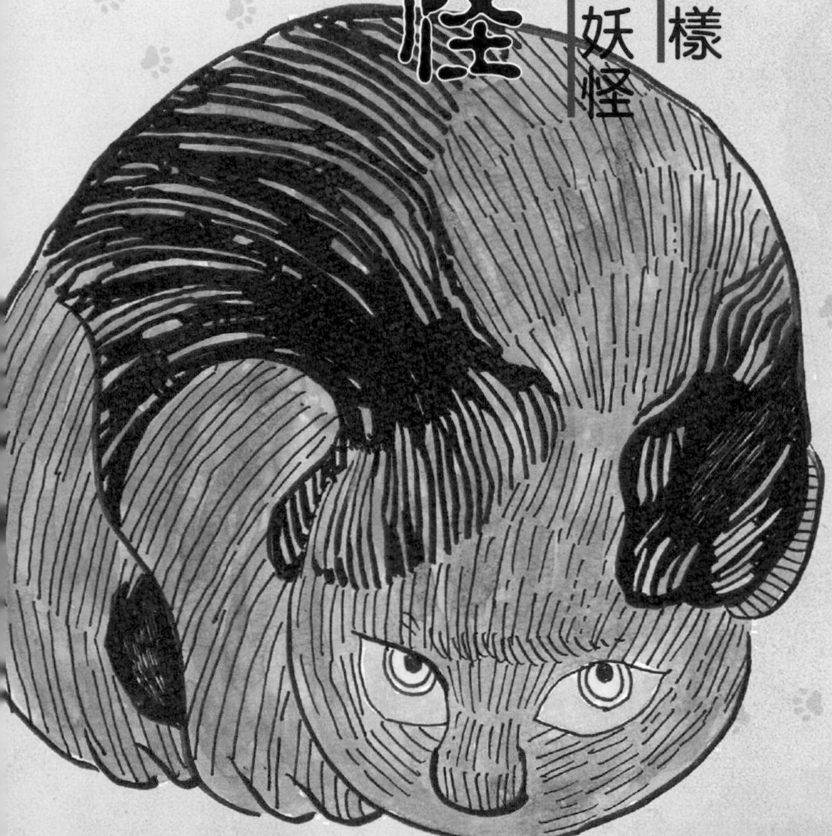

參考資料：根付（江戶時代把煙草盒、筆記用品、印章、小型皮包等用繩子栓著時所用的隨身門飾）

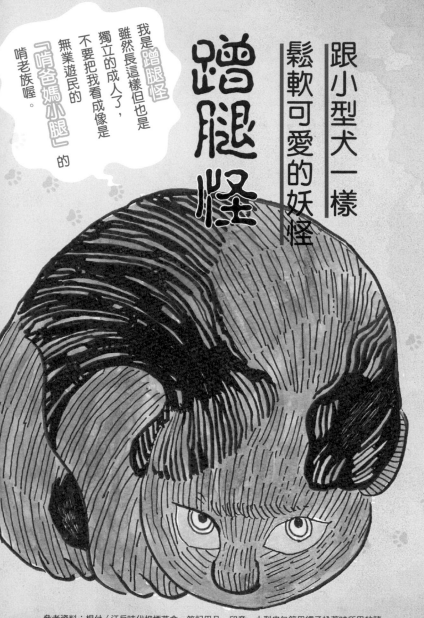

「蹭腿怪」，是岡山縣流傳的妖怪。

根據日本最早的妖怪辭典《現行全國妖怪辭典》*，在岡山縣小田郡一帶傳說有一種犬形妖怪，經常會出現在下雨的夜晚，它會磨蹭路人的兩腳之間跑過去。

被蹭腿怪擦過小腿的人只是有點踉蹌，倒沒有其他危害。

還有，同縣井原市傳說有趁著暗夜拉過路人的腳讓人跌倒的「拉腿怪」這種妖怪，還留下小孩跌倒傷到鼻子的故事。

我們不知道這有什麼好玩的，不過這種妖怪就只是干擾別人走路，不會再有更多傷害。

雖然蹭腿怪的畫沒有留下來，不過以《鬼太郎》知名的漫畫家水木茂，幫忙畫了身體圓圓、耳朵低低，看起來像貓又像狗的肖像。這應該是他參考了類似設計的犬型根付為主題創作出來的吧。

ぷろふぃ～る

妖怪名：蹭腿怪
出沒地：山裡
大小：30cm~50cm
異色度：●●○○○

＊《現行全國妖怪辭典》：昭和10年（1935）年刊行，日本最早的妖怪辭典。作者為博物學者佐藤清明。介紹了許多現在鮮為人知的妖怪。

用餐具完全武裝自己？的東之大將

瀨戶大將

「瀨戶大將」是使用了一百年以上的陶瓷器（捏揉黏土固定後燒製出的餐具等日用器物）所演變而來的付喪神，身上穿了搜集來的各種「瀨戶物」的鎧甲。

「瀨戶物」指的是在愛知縣的瀨戶市周邊燒製的陶瓷器。

根據妖怪畫集《百器徒然袋》中的解說，瀨戶物和唐津物（在現在佐賀縣東部和長崎縣北部燒製的陶磁器）發生了混戰，瀨戶大將是戰事指揮官，瀨戶軍的大將。

進入江戶時代以後，唐津物取代了瀨戶物，成為普羅大眾日常使用的餐具主流。

因此，瀨戶大將似乎為了讓瀨戶物敗部復活，主動挑起戰爭。順道一提，陶瓷器在東日本被稱為「瀨戶物」，在西日本則被稱為「唐津物」。

到了現代，如果家庭裡的餐具住著的精靈會暴走的話，作為媽媽們不滿時釋放壓力的出口，它們大概是會破到全碎吧。

參考畫：《百器徒然袋》鳥山石燕畫
（川崎市民博物館所藏）

妖怪名：瀨戶大將
出沒地：民宅
大小：1m 左右
異色度：

迎風奔跑的我，個性很坦率

扇子妖怪

「扇子妖怪」，在深夜的妖怪遊行圖《百鬼夜行繪卷》以及類似的《付喪神繪卷》都出現過。根據不同的繪卷版本所記載的資料，有乖巧坐著的女性的扇子的形象，也有頭髮隨風搖曳，迎風奔跑的動物系的扇子妖。

付喪神的繪卷，畫的是被隨意丟棄的器物和工具，最後變身為妖怪，因而成群結隊在京城的街道上遊行的情景。不過，故事的結尾，付喪神都相信了佛教的教義，所以說他們的本質是很坦率又聽話的好妖怪們。

順便說，扇子在不用的時候闔起來，使用時打開來搧風，是送風納涼的工具。既簡便又好帶，以前愛用者很多。因為展開的時候扇子形狀是「末廣（末端開展，有漸漸開展繁盛之意）」，因為這一層意思，被認為會帶來好運的象徵，所以在喜事的宴席上，扇子也常作為婚禮小物致贈賓客。

嘿。
俺是，扇子！
雖然最近
被可攜式電風扇
取代了，
以前我可是很受歡迎的！
真的啦

妖怪名：扇子妖怪
出沒地：民宅、村落
大小：70cm 左右
異色度：

參考畫：《百鬼夜行繪卷》
據傳為土佐光信畫（京都・大德寺真珠庵所藏）

引領逝者到彼岸的

引路蟾蜍

富山縣的南礪市，傳說有妖怪長得像大型的蟾蜍。也有說法說它身體是蟾蜍，只有臉是人臉。

這隻妖怪，一般認為是負責看守（監視）死者的靈魂，工作是為死者導引前方的路，哪裡出現了死人，聽說引路蟾蜍就會出現在覆蓋死者的草席（墊子）上。

據說，經過一個星期，它就會離開家裡出外看守，大概在死者的家裡持續待三個星期，到了死後四個禮拜，就會帶領死者的靈魂到墓地。而且，在這個地區，他們稱蟾蜍為「kasa God」或是「tenden God」神明，傳說當遭遇生命危險

＊從前的小孩回家時間是傍晚，跟青蛙開始集體鳴叫的時間大略重疊。青蛙的語源有很多種說法，因為「返」家的說法很貼切，所以也有「青蛙在叫了回家吧」的兒歌。

時，只要誦導祂的名字，就能因為神明的咒文而得救。

還有，青蛙和蟾蜍常被認為是神佛的使者，這種迷信在日本全國都有，也有一些地方認為它們是「靈魂的坐騎」。然後因為「福返（返與青蛙在日語中發音相同，都是kaeru）」「無事歸返」「返老還童」等雙關語，蛙類的裝飾品或小東西，是很有人氣的吉祥物。

那麼，問題來了。
青蛙的語源是什麼呢？
「返」*家。
Bingo！正確答案！

ぷろふぃーる

妖怪名：引路蟾蜍
出沒地：村落
大小：30cm 左右
異色度：

參考畫：《姬國山海錄》南谷畫
（東北大學附屬圖書館．狩野文庫所藏）

拉袖小僧

拉路人袖子的色色？妖怪

參考畫・浮世繪
《日本妖怪大圖鑑》
廣瀨古也畫

在琦玉縣比企群流傳一種妖怪，據說到了黃昏時分，他不會現形，但會拉住行人的袖子。因為回頭看也看不到人，所以重新往前走，這麼一來，又一下被拉住了……。不知道為什麼拉袖小僧要拉路人袖子，但是也沒有做什麼別的壞事，僅僅就是愛惡作劇的天真的妖怪。

和拉袖小僧很像，茨城縣筑波市也出現了「拉袖之貉（浣熊）」。據說當地在舉辦「安產夜明祭」的時候，女性要去參加祭典的路上，常會被人莫名其妙拉袖子。據說這是因為上了年紀的公貉變成妖怪，聞到女性或孕婦散發的味道，就會興奮到去拉她的袖子，好像是好色的妖怪。

還有，以西日本為中心，還有被稱為拉袖神或奪袖神，會拉袖子的民俗神明。在這種神明面前跌倒的話很不吉利，如果跌倒了，要剪下半邊袖子作為供奉，否則會招來災厄。

ぷろふぃ〜る

妖怪名 ： 拉袖小僧

出沒地 ： 村落

大小 ： 80cm 左右

性格強烈度 ：

如果能當場目睹就會發生小幸運

小小的大叔

「小小的大叔」，是近幾年常聽到有人目擊到的妖怪。算是一種都會傳說，聽說如果真的看到了，身邊就會發生小小的幸運事。

根據到目前為止種種的目擊情報看來，小小的大叔是身高8公分到20公分左右的中年男性樣貌的小人，有「貼在窗戶上」、「在路邊搬空罐」、「住在某神社」*等說法。

說是看錯了或否定為毫無根據的謠言，雖然很簡單，可是目睹到小人的例子，在久遠到江戶時代的繪卷或文獻上也曾記載。而且，kopopokuru（北海道愛奴傳說中登場的小人）等傳說也一直流傳下來，所以也有人認為小人的存在不可一概否定。

《蕪村妖怪繪卷》裡，有一個故事，標題是〈嬰兒怪物〉。這個故事說，某個和尚住宿在小笠原的宅邸時，晚上因為隔壁房間太吵，所以偷偷地窺看，一看之下，竟然有數千個（！）赤裸的嬰兒在跳舞。天亮以後，他們都消失了。

＊ 在目擊情報增加的狀況下，某電視公司報導了東京都杉並區某神社是小小的大叔的住家，結果參拜者急速增加，現在來訪神社的人也絡繹不絕。

ぷろふぃ～る

妖怪名：小小的大叔
出沒地：民宅、村落
大小：8~20cm
異色度：

參考書：《蕪村妖怪繪卷》與謝蕪村畫（收藏於東北大學附屬圖書館）

看起來完全是「療癒系」

豆腐小僧

這個妖怪手上拿著木盤盛裝的豆腐，看起來像個小孩，人如其名的「豆腐小僧」。

「小僧系列」的妖怪裡，豆腐小僧大概可以排到人氣前兩名，從江戶時代的黃表紙（大人看的漫畫書）和各種怪談本開始，從日本的幕府末期到明治時代，不論是風箏的圖樣和大富翁、紙牌等玩具角色，豆腐小僧的角色都很常登場，備受喜愛。

從「獨眼小僧」（114頁）喜歡豆腐的民間傳說開始，也有一些畫了單眼的豆腐小僧，不過大大的頭上戴著竹斗笠，手持放了紅葉豆腐（押了紅葉形狀的豆腐）的圓盤是世人印象中比較一般的豆腐小僧的形象。

豆腐小僧身上的和服花色，多半是達磨或是紅色的魚，這是因為傳說疱瘡神（疾疫神）不喜歡狗和紅色，包含了祈望小孩不要生病的守護意義。

豆腐小僧沒有什麼特殊的能力。就只是突然拿著豆腐現身，不知道他有什麼明確的目的，真是可惜啊這妖怪。

＊ 金一兩相當於現代的7萬5000日幣

妖怪名 ： 豆腐小僧
出沒地 ： 村落
大小 ： 1m
異色度 ：

參考書：《妖怪著到牒》
北尾政美畫（收藏於國立國會圖書館）
這本黃表紙裡畫的是「大頭小僧」，也有說法認為跟「豆腐小僧」是不同的妖怪。

「一隻腳」是神明的象徵

鍋妖

人氣的鍋物料理，
聽說排名第一的，
♂男生是壽喜燒，
♀女生是海陸鍋喔。

參考書：江戶時代的《付喪神繪卷》作者不詳（收藏於國立國會圖書館）

燉、煮、炸等各種調理方法上使用的鍋子，有單手鍋、兩手鍋、附提把的和有蓋無蓋等鍋具，材質上從鐵製到陶土等，各式各樣。

　這裡要介紹的「鍋妖」，是沒有把手也沒有倒湯設計那種陶器的「矢床鍋」變化而成的付喪神。順便解說一下，「矢床」的意思是為了夾起鍋邊以利拿取，加工製作的「鍋子夾」，如果本來是沒附把手的鍋子，就需要用鍋子夾來拿取以避免燙手，所以稱為「矢床鍋」。

　繪卷裡所畫的鍋怪付喪神都是獨腳的。因為據說獨腳或獨眼，是神明尊貴的象徵。在高知縣和愛媛縣，為了防禦惡靈入侵，當地人信仰的道祖神也是一隻腳的神明，也有只奉獻單隻草鞋的地區。

　而且，以前立在稻田的稻草人，也是獨眼單腳。這象徵了稻草人是山神在春天時下山，變成守護稻田成長的田地之神的形象。

ぷろふぃーる

妖怪名：鍋妖
出沒地：民宅、村落
大小：1m30cm
異色度：●●○○○

塗佛

全身漆黑從佛壇飛出來的

眼珠子掉出來

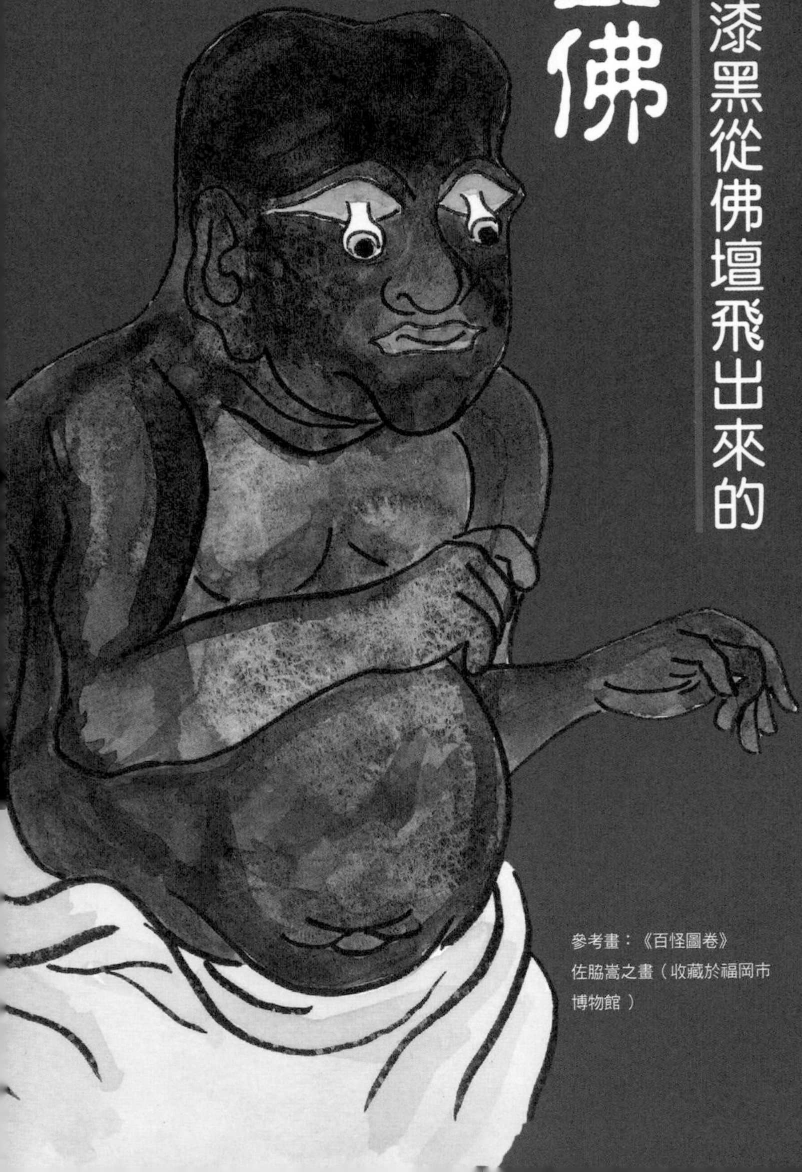

參考畫：《百怪圖卷》佐脇嵩之畫（收藏於福岡市博物館）

「塗佛」，在日本很多繪卷當中都會描繪的妖怪，但不管是哪一種繪卷，上面都只有記載名字，沒解釋是什麼樣子的妖怪。

共同點是它像是皮膚漆黑的和尚，兩顆眼珠往外掉出下垂。不過在每個不同版本的繪卷中會呈現若干差異，像是背上長了長毛，或是身上長了像魚的尾鰭般的東西。

《畫圖百鬼夜行》裡，畫了塗佛從佛壇出來的樣子。大概是從這幅畫推測的吧，在近幾年流傳與妖怪相關的文獻記載裡，也出現了這樣的解釋：「突然在佛壇出現，眼珠子會飛出來嚇人」、「從佛壇飛出來，專門襲擊懶散和尚的妖怪」、「佛壇的付喪神」。

塗佛渾身黑色的身體，大概是跟佛壇塗了黑漆脫不了關係。也許是為了懲戒不虔誠的子孫態度隨便對待祖先或神壇，因此才出現的妖怪吧。

ぷろふぃ〜る

妖怪名：塗佛

出沒地：民宅

大小：1m40cm 左右

異色度：●●●○○

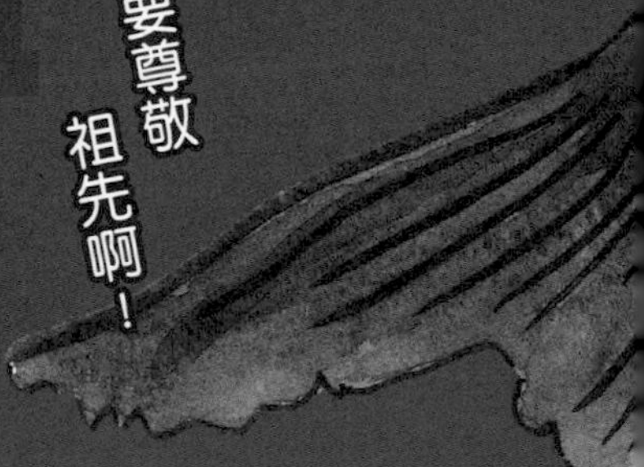

沒風竟然也搖～搖～搖

搖晃妖

「搖晃妖」，是在江戶時代大量在民間流傳的妖怪畫集《百器徒然袋》裡介紹的燈籠妖怪，畫中描繪它對著道路像是快往下覆蓋般傾斜的樣子（漢字是「不落不落」）。

燈籠的材質像和紙，裂開的地方如同嘴巴一樣打開，蠟燭的火舌宛如長舌頭般噴了出來。

乍看搖晃妖會以為是燈籠變成的付喪神，不過妖怪畫集的解說寫著，它看起來雖然像是守護山裡稻田的燈籠的火光，實際上的真面目大概是隱身草野的狐狸所製造出的「狐火」*。

除了沖繩以外，狐火是在日本各地都流傳已久的怪火（原因不明的火），有很多說法，像是狐狸吐出的氣息發的光，或是尾巴相擊點起的火等等。

而且，如果在深夜的山中，出現了被稱為「狐狸娶親」──無數怪火像是提著燈籠的隊伍般出現時，在德島縣認為是將出現有人將過世的預兆。

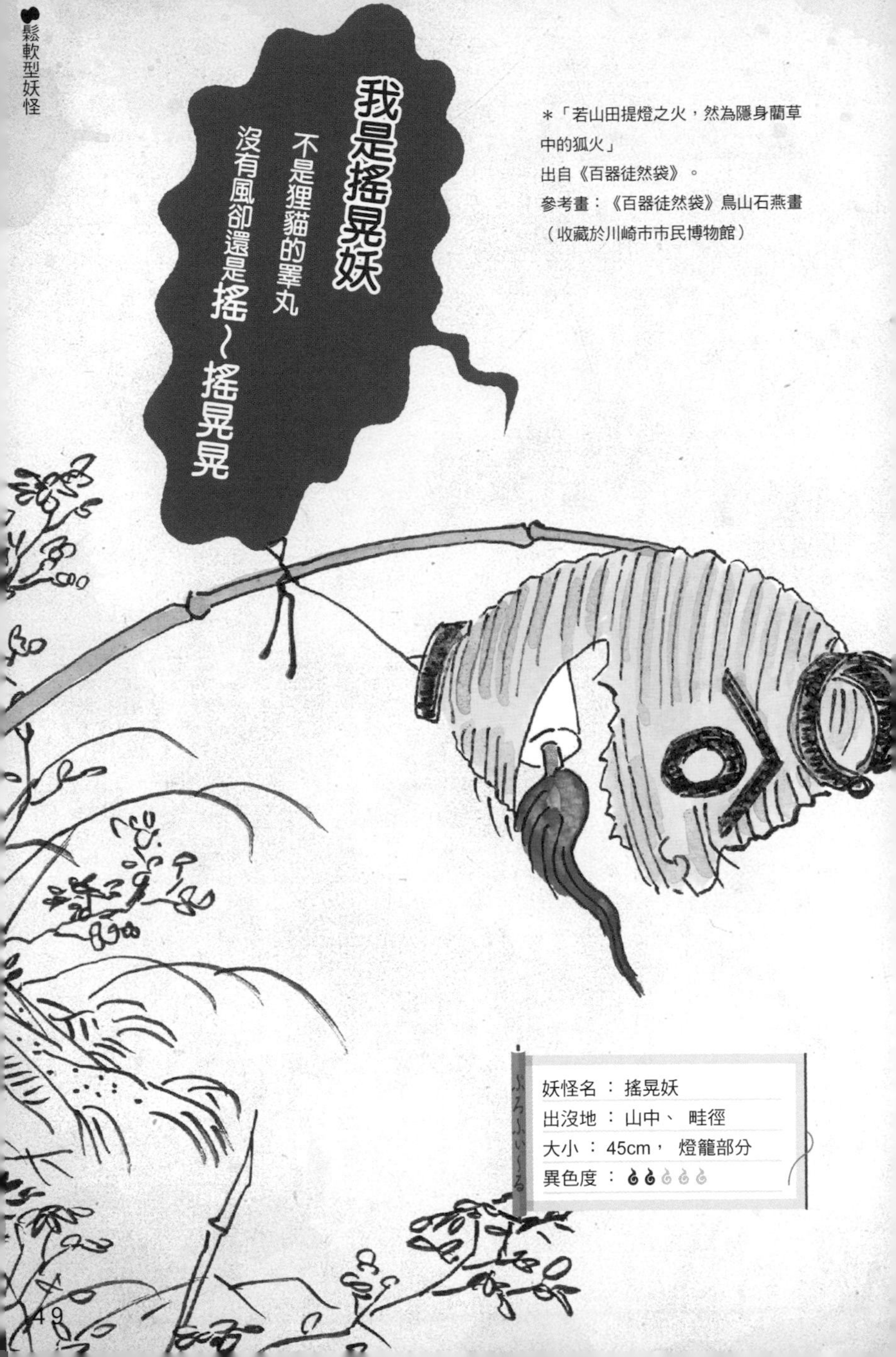
我是搖晃妖
不是狸貓的睪丸
沒有風卻還是搖～搖晃晃

＊「若山田提燈之火，然為隱身藺草中的狐火」
出自《百器徒然袋》。
參考書：《百器徒然袋》鳥山石燕畫
（收藏於川崎市市民博物館）

ふろふぃ～る

妖怪名：搖晃妖
出沒地：山中、畦徑
大小：45cm，燈籠部分
異色度：

閃爍的火鳥般的妖怪

浮火

出現在夜空的浮遊妖火。

因為像是魂魄般飄飄盪盪、輕盈遊盪的樣子，所以也被叫做「浮火」，別名「天下火」。在《畫圖百鬼夜行》或《百怪圖卷》、《化物盡繪卷》等畫集中，浮火都畫了像是全身著了火的鳥怪的身姿。

也就是因為這樣，我們可以很清楚的知道這是和火焰有關係的妖怪，可以認為《畫圖百鬼夜行》裡描繪的是佛教的守護神、迦樓羅天。

在印度神話中登場，像火焰般大放光明發出熱氣的神鳥迦樓羅是浮火的前神，據說會從口中噴發金色的火焰。

另一方面，《化物盡繪卷》中所描繪的則是頗為鬆軟、表情呆萌，看起來怎麼都像是鬆鬆的讓人看不下去的妖怪。傳說浮火是好妖怪，也有說它會燒掉虐待人民的壞長官的房子。

據傳在大阪和京都也有出現過相似的怪火，像是雞一樣的鳥形「姥之火」，據說就是偷了神社燈油的老婆婆，因為被詛咒而變成的妖怪。

ぷろふぃ〜る

妖怪名：浮火
出沒地：夜空
大小：不明
異色度：

參考畫：《化物盡繪卷》北齋季親畫（收藏於國際日本文化研究中心）

翻枕怪

一睡著就現身
那麼愛捉弄人？

由俺來說
好像有點那個~~
但是要睡得沉、睡得好
還是要選擇適合自己的枕頭

參考畫：《決定版 日本妖怪大全》
水木茂畫

「翻枕怪」是日本全國知名的妖怪，聽說，如果你是一個人睡的話，它會突然出現，把你的枕頭翻過來，或是顛倒你的頭和腳的方向。

它的樣子，據傳有小孩、和尚和美女的模樣，外表並不明確，在《畫圖百鬼夜行》裡，描繪了小小的仁王*姿態。

再說一件事，把枕頭翻過來的小孩妖，有些地方叫做「枕小童」，在香川縣，聽說這妖怪一站在枕頭的地方，身體就像被壓一樣無法自由動作了。

而且，石川縣與和歌山，還有翻枕怪會奪人性命這種絲毫不能讓人放鬆的可怕傳說。

從前的人相信，人在睡眠中，靈魂會從肉體出竅。所以，如果在睡覺的時候，被翻了枕頭，靈魂就回不去身體裡，因為這種信仰，大家才害怕枕頭被翻過來。在現代，或許我們只會認為是單純的惡作劇，不過以前認為翻枕怪是會致人於死地的恐怖妖怪。

ふろふい～る

妖怪名：翻枕怪
出沒地：寺院、旅宿、民居
大小：90cm
異色度：●●○○○

＊ 仁王是在日本佛寺寺門左右兩邊，以忿怒形像斥退敵人的守護神明。

只看外表很不準的～溫柔巨人

山男

「山男」是日本各地山裡都有流傳的巨人妖怪，也有稱呼他為「山人」或「大人」的地區。尤其是靜岡縣和高知縣類似的傳說很多，到了近代也都還有被人目擊的紀錄。

他的外表形象是只在腰部裹上葉子、體毛很多的半裸巨男，只會發出像牛一樣的聲音，不會說人類話語，但是據說能夠理解人類的語言。

也有說他會攻擊人，或是碰到他的人會生病等各種傳言，可是基本上來說山男很友善，只要給他酒、香菸、食物之類的東西，他還會幫忙做一些山裡的工作，像是運行李。

江戶時代的奇談集《繪本百物語 桃山人夜話》，記下了一則靜岡縣濱松市的故事。有樵夫因為家裡有人生病，要去找醫生，卻不小心失足落谷，在受了傷動彈不得的時候，出現了身高大約兩丈（6m左右）的山男，背他離開。

據說他想給錢答謝對方的時候，山男不接受，不過送酒的時候，山男就開心了，好像很好喝似地喝了酒。

ぷろふぃーる

妖怪名：山男
出沒地：深山
大小：1.8~6m
異色度：🔥🔥

參考畫：《繪本百物語 桃山人夜話》
竹原春泉畫
（收藏於川崎市市民博物館）

對著山谷的斜面大叫，聲音會慢幾拍以後發出回聲吧？這種音就叫做「幽谷響」或是「木靈」。

聽說，這個現象是住在山裡面的妖怪或木精故意模仿人的聲音因而發出的詭異聲響。

在鳥取縣，他們認為回聲是住在山裡的「呼子（或是呼子鳥）」妖怪做的好事，高知縣的民眾則是把在深山裡聽到的巨大聲音，或恐怖聲音的靈異現象叫做「幽谷響」。在長野縣，還有會回嘴的岩石「山彥岩」。

這妖怪似乎很少讓人看到蹤影，不過江戶時代的妖怪畫集《畫圖百鬼夜行》裡，「幽谷響」這名字下，畫了看起來像猴子也像小狗的妖怪，張開兩手，好像在嘲笑人一樣的表情。

這是認為是木靈引起了回聲現象，他們認為木靈和住在千年以上的老木、中國妖怪「彭侯」是一樣的，木靈的原型應該是彭侯。

擅長模仿，
像小狗一樣的妖怪

幽谷響

妖怪名：幽谷響
出沒地：深山
大小：60cm 左右
異色度：

ふるふぃくる

參考書：《百怪圖卷》佐脇嵩之畫
（收藏於福岡市立博物館）

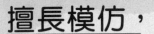

第2章

超異色妖怪

只是大聲了點、
只是在河邊鬼鬼祟祟地講話、
只是無意義地在鎮上繞著、
只是偷看而已……
妖怪裡也有性格超奇特的，
吐嘈點滿滿的一群。

赤舌怪

和烏雲一起現身的正義之妖？

汝不可為非作歹
至今惡事，
吾可網開一面
望彼此友好

譯
不能做那種壞事啦！
不過我可以把你們的壞事
放水流，當作沒發生。
要當好朋友啦！

參考書：《化物盡繪卷》北齋季親畫（收藏於國際日本文化研究中心）

「赤舌怪」，《畫圖百鬼夜行》描繪了它像野獸般張開血盆大口，被籠罩在水門上方的烏雲包覆的樣子。

怪談集《東北怪談之旅》中*1，有說到赤舌怪現身於青森縣津輕的農村，解決了田水的爭執。根據這本書的說法，在日照不足的年頭，河川上游的村民為了獨佔灌溉水，關閉了水門，因為田水流不下來，下游的年輕人去開水門時卻被殺了。

在那之後，就算關了水門，也會在無人知曉的時候自動開啟。是赤舌怪看不下去村民們的爭執而出面做的。

另一方面，也有其他的妖怪繪卷介紹了「赤口」妖怪。

「赤口」妖怪的由來是六曜*2的「赤口」，會帶來災禍。據說只要它張開嘴巴，就不會發生好事。

「赤口」之日，本來意指神明的部下「赤舌神」，會在此時進凡間騷擾人類，所以不管做什麼事都是大凶的日子。不過，如果是法事的話，只在中午進行就可以。

＊1 傳奇小說家山田野理夫，整理他田調所收集的怪談集。1974年刊行。

＊2 六曜是曆法上記載的日時、方位等有關吉凶、當日運勢等的曆注之一，有先勝、友引、先負、佛滅、大安、赤口等六種「曜」。

ふろふぃいる

妖怪名：赤舌怪
出沒地：空中
大小：不明
異色度：

染成紅頭毛的視覺系

紅捲毛

傳說四國有一種妖怪，頭髮紅通通。相傳跟座敷童子*一樣，只要紅捲毛長住下來，家中就會興旺繁榮，他一離開，家族就會沒落。

在愛媛縣的西條市，也曾聽說過在夜深人靜的時後，紅捲毛他們會在宅邸中開始喧鬧，吃掉廚房的食物。

在德島縣和香川縣，入夜以後他們會從佛壇底下出現，睡著的人會被他們搔腳底。而且，在香川縣，也有傳聞說他們會在山裡發出巨大聲響，一邊飛上天空。

在高知縣一之町勝賀瀨，他們被稱為「赤頭」，《土佐化物繪本》*2裡，描繪了他們擁有麵包超人般紅通通的臉頰。

還有，在《百鬼夜行繪卷》裡，也畫了「紅頭」這個名字的妖怪。這邊的外表就截然不同了，髮型的話，瀏海的一部分捲捲的，身姿是跳著舞的樣子。

如果是這樣，很意外的，紅捲毛也許是用造型外表作為賣點的視覺系妖怪。

＊1 座敷童子

主要流傳在岩手縣，像精靈一樣的存在。據說住在宅邸或是倉庫裡，看到座敷童子的人會走運，也會為家中帶來財富。

＊2《土佐化物繪本》

被認為是江戶時代末期到明治時代初期的妖怪繪卷作品。出現在勝賀瀨的赤頭，因為紅頭髮像太陽一樣光輝眩目以致於眼睛都張不開了。

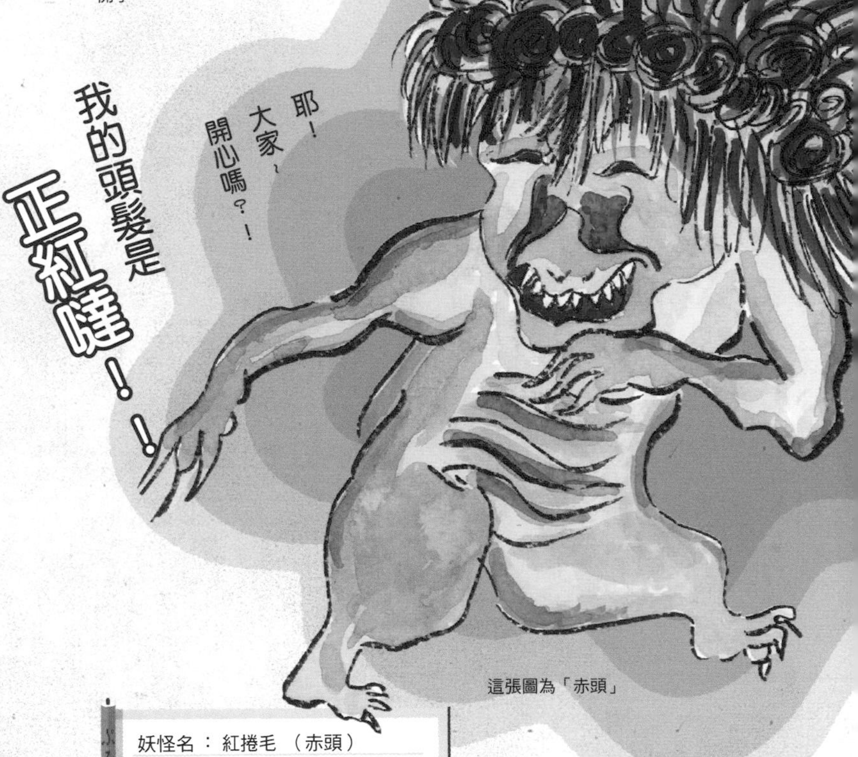

這張圖為「赤頭」

ぷろふぃ〜る

妖怪名：紅捲毛（赤頭）

出沒地：民宅、山裡

大小：1m30cm

異色度：

參考書：《百鬼夜行繪卷》

尾田淑太郎（鄉澄）畫（收藏於松井文庫）

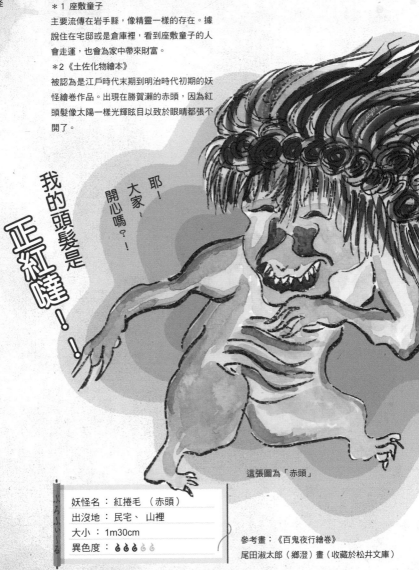

日本人忙成這樣是這傢伙害的？

忙忙怪

「日本最古老的妖怪繪卷，畫於室町時代的《百鬼夜行繪卷》裡，忙忙怪已經登場。

在江戶時代諸多繪卷系列中，忙忙怪也名列其中，可是我們依舊不知道這隻妖怪是什麼樣的妖怪。忙忙怪被描繪出的樣子，每個繪卷都雷同，狗臉般的妖怪吐著舌頭，衣服褪到肩膀，好像要奔赴哪裡一樣匆匆忙忙奔跑著。

也許沒什麼特別的事，光只是在城鎮裡跑竄的妖怪。

你問我
急急忙忙地
要跑去哪？
我哪知道啊！
總之就是忙啦
別理我！！！

根據漫畫家水木茂的說法，這隻妖怪會附身在人類身上，被附身的人會慌慌張張，好像一靜下來就會發生什麼壞事似的。水木茂也這樣寫：「現代有太多人被忙忙怪附身了，說這是附身嗎？幾乎很難判斷了。」

以前日本人常常被說工作時間太長，近年來國家在推動「勞動方式改革」，有縮短勞動的時間，或是確實休假等方法。說不定，在不久後的將來，「忙忙怪」就會消失無蹤了。

ふろふぃ〜る

妖怪名：忙忙怪
出沒地：村落
大小：1m50cm
異色度：3/5

參考畫：《百鬼夜行繪卷》
尾田淑太郎（鄉澄）畫
（收藏於松井文庫）

在少年面前持續現身30天的
稻生物怪錄的妖怪

你這傢伙一點都不怕嗎？
恐……佈個屁啦
笨……蛋嗎？
（其實是有一點點嚇到啦）

參考畫：《稻生物怪錄繪卷》（堀田家本）作者不詳
個人藏（三次市教育委員會保管）

『稻生物怪錄』是江戶時代中期，16歲的少年稻生平太郎親身體驗的妖怪記錄。平太郎是住在現今廣島縣三次市的武士的兒子，是真實人物。

傳說如果講百怪談的鬼故事，就會出現真正的妖怪，平太郎和鄰居三井權八深夜在墳墓前說《百物語》，一個月後，稻生家突然開始出現了怪物。

平太郎堅毅地忍受了三十晚夜夜現身的怪物和妖鬼，最後怪物們只好打道回府。現在還流傳著別人紀錄的稻生本人體驗談*1以及據說是平太郎自己撰寫的《三次實錄物語》。

《稻生物怪錄繪卷》（堀田家本）裡畫著顛倒的女人頭和人頭前端長出的手撫摸平太郎的圖。這幅繪卷保管於三次市教育委員會，平成31年（2019年）春天開館的「湯本豪一紀念日本妖怪博物館」（三次物怪博物館）也會展示*2。

ぷろふぃ〜る

妖怪名：倒首，人頭妖
出沒地：稻生家
大小：30cm、60cm
異色度：●●●○○

＊1 柏正甫整理了平太郎故事。其他還有江戶時代後期的日本國民平田篤胤等人的整理。

＊2 依展覽內容主題，也有可能不展示此資料。

大聲吠叫驚嚇路人的

汪怪

人們都熟睡、萬籟俱寂的深夜，在廢墟、老房子、或是荒廢的寺廟附近走動時，突然從某角落發出「汪！」的巨大聲響，嚇死人了——聽說這是很多妖怪圖描繪的「汪怪」幹的好事。

它的樣子，幾乎所有的妖怪圖記載的都一樣，是個露出牙齒的半裸妖怪，伸出兩隻三根指頭的手，好像就要現身襲擊人類。在《百怪圖卷》裡，還塗了「齒黑」——牙齒是全黑的。

「齒黑」，在日本中世是公門或武家的男子所塗的，所以也有說法認為，或許是那種家世背景的人變成的妖怪。

《畫圖百鬼夜行》裡，畫了汪怪從廢墟牆裡飛出來的樣子，所以也有說法認為汪怪是住在廢墟的妖怪。而且，三根指頭可以說是表現出鬼物的特徵，因此也有說汪怪是鬼類的夥伴。

不會特別傷害人類，只是大聲吠叫驚嚇行人，藉此取樂，真是愛捉弄人的搗蛋妖怪。

ぷろふぃ〜る

妖怪名：汪怪
出沒地：廢墟、老房子
大小：不明
異色度：🔥🔥🔥

參考畫：《化物盡繪卷》北齋季親畫
（收藏於國際日本文化研究中心）

突然出現的大臉

大首

「大首」是會經常突然出現在雨後夜空的巨大妖怪，江戶時代的怪談或隨筆中，記載了許多大首出現的例子。

很久很久以前，在平安時代也有被稱為「面女」的巨大女性人頭怪出現，當時的掌權者平清盛，在把都城移到福原時，聽說在房子的圍牆上出現了兩公尺多的大首，對人笑著。

描繪《稻生物怪錄》的繪卷《稻亭物怪錄》裡，也有〈大首之怪〉的標題，寫到稻生一打開儲物室的門，就出現巨大的老婆婆的臉的怪異奇談。故事的主人翁稻生平太郎用火叉戳大首的臉，感覺黏呼呼的。

大首大部分是塗上齒黑的女性，不過在江戶時代中期出版的黃表紙《妖怪著到牒》裡，描繪了出現在屋裡的武士的大首。

在某間屋裡值班的武士們，晚上在打瞌睡的時候，打開紙門現身的大首說了一聲「辛苦啦」，嚇壞了他們。

妖怪名：大首
出沒地：宅邸、夜空等
大小：3m 左右
異色度：

參考書：《妖怪著到牒》北美政美畫
（收藏於國立國會圖書館）

「齒黑女」，是個身著女裝的妖怪，沒有眼睛也沒有鼻子、沒有五官的臉上，只有塗了齒黑的大嘴巴。

《繪本百物語 桃山人夜話》裡，記載了這樣的內容：「有人經過古老的神社時，因為看到穿著華美和服的女性低著頭參拜，半帶好玩的心理跟她搭訕，竟然一眼看到女性回頭的臉，沒有眼睛鼻子，只有黑齒的大嘴巴在笑著。」齒黑女好像是用自己沒有五官的臉去嚇人的妖怪。

因為齒黑女被描繪的樣子是戴著角隱穿著美麗和服，近幾年的妖怪書也有將此解釋為「結婚前死去的女性亡靈」。

所謂的角隱，是結婚典禮上穿著和裝的新娘，在結了高髻的秀髮上覆蓋的白色穿戴物。

不過，其它像是上級武家的女性和信仰淨土真宗的女性到寺院參拜時，也會戴上角隱。所以，齒黑女的穿著是否為新娘衣裳所戴的「角隱」，就不能確定了。

ぷろふぃ〜る

妖怪名：齒黑女
出沒地：村落、 神社前
大小：1m40cm
異色度：●●●○○

齒黑女

她一轉過頭，臉上只有嘴巴

參考畫：《繪本百物語 桃山人夜話》竹原春泉畫
（收藏於川崎市市民博物館）

「傳說中的妖怪」有三個肛門

河童

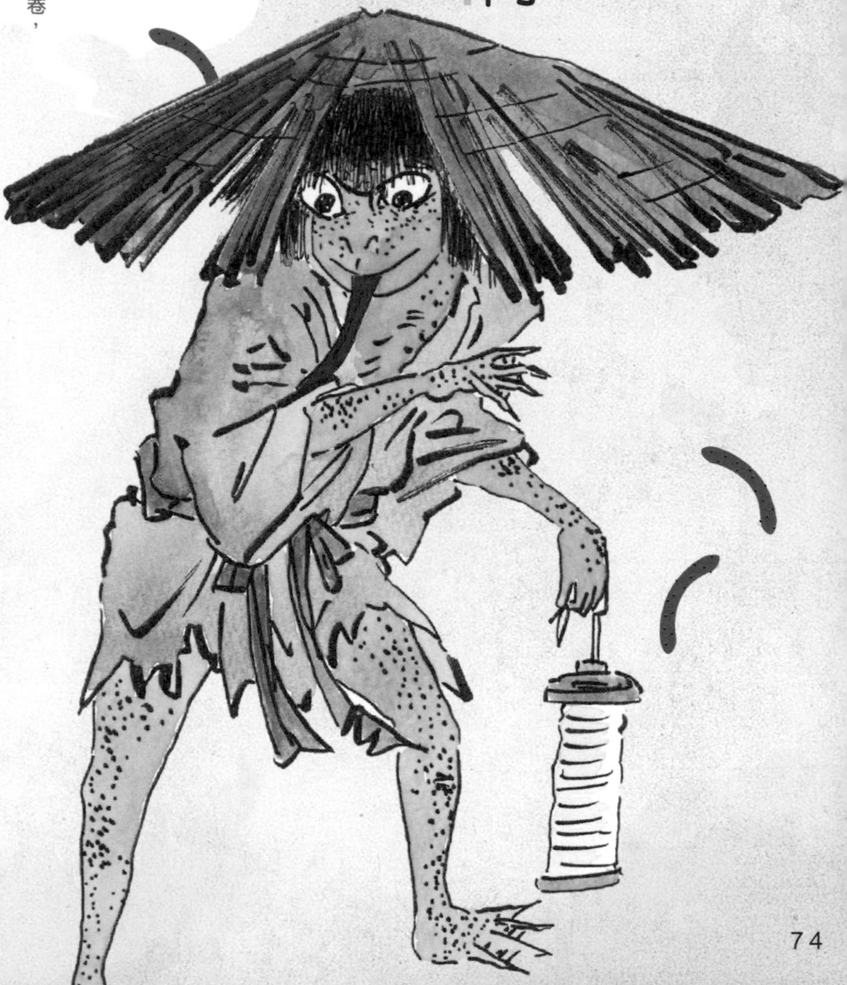
問我喜歡哪種壽司？
當然是河童卷啦
（包著小黃包的壽司被取名為河童卷，是因為河童愛吃小黃瓜）

「河童」，跟鬼、天狗並列，是日本無人不知、無人不曉的著名妖怪。日本各地都有河童的相關傳承，如「水虎」或是「河小童」、「河太郎」等，因為地方不同，而有各式各樣的名字，造形也不太一樣。

河童的模樣大概可分成兩種，一類是外表有殼，像烏龜的，另外一類是像猴子全身覆滿毛髮。

多數日本人聽到河童，腦子裡會浮現的是烏龜形態的河童，特徵是臉上有喙，綠色的身體，頭上有圓形水盤、背上有殼、手腳都有蹼等等。

要說到河童的共通點的話，像是喜歡相撲和小黃瓜，會拔掉人類的尻子玉（*）、頭上水盤的水如果乾了力氣，就會耗盡（或是死亡）。

很意外而罕為人知的是，河童有三個肛門。幸好有三個肛門，聽說河童會跟火箭一樣，利用屁的力道衝向天空。不過另一方面，因為河童住在水裡，就算放屁，在水裡力道也會變小。因此有「河童屁」的俗語，意思是不足取的小事，就是這樣來的。

＊ 以前的人相信尻子玉是在肛門附近，算是一種想像的內臟。

參考書：浮世繪 喜多川歌麿畫（收藏於比利時王立美術歷史博物館）

ぷろふぃ〜る

妖怪名：河童

出沒地：河川、沼澤、海邊

大小：30cm~1m50cm

異色度：

剪掉深夜路人的頭髮

斷髮魔

江戶時代編輯流傳的故事集《諸國里人談》裡，記載了這件事。元祿（1688~1704年）初期，在伊勢國松坂（現在的三重縣松阪市）和江戶的紺屋町（現在東京都千代田區），晚上在路上行走時，不論男女，髮結都會從根部被剪掉，發生了多次斷髮怪事。

聽說當事人完全沒發現，被剪掉的髮髻就那樣掉在路上。

還有，在大田南畝*的隨筆《半日閑話》裡，也記錄了江戶的下谷（現在台東區）和小日向（現在文京區）等地方，傳說也發生了同樣的怪事：商家或武士家的下女被剪斷頭髻。

這樣的怪異事件，因為江戶時代的市街經常流傳，所以有人認為是「斷髮魔」這種妖怪幹的好事。

江戶時代後期的妖怪繪卷《化物盡繪卷》裡，描繪了斷髮魔穿著赤紅的兜襠布，臉上有鳥喙，表情得意洋洋，剪刀狀的手上還拎著一條長頭髮的樣子。

「綠之黑髮」？
是什麼髮色啦？
綠色？還是黑色？
（綠之黑髮是讚美女性
美麗有光澤的黑髮）

ぷろふぃ～る

妖怪名：斷髮魔

出沒地：村落

大小：1m 左右

異色度：🔥🔥🔥🔥

＊江戶時代後期的文人．狂歌師

參考書：《化物盡繪卷》北齋季親畫

（國際日本文化研究中心收藏）

喜歡並排坐著說悄悄話的超樸實男子雙人組

川男

ぷろふぃ〜る

妖怪名 ：川男
出沒地 ：高山河流的河畔
大小 ：2m 左右
異色度 ：●○○○○

日本最早發行的的近代國語辭典《和訓栞》*後篇當中，有一則記載著在川邊兩個並排坐著的男人，悄悄聊天的「川男」妖怪傳說。

根據那本辭典中所提及的—川男，是經常出沒在高山原野、河川溪流邊的妖怪，據說他們個子很高、皮膚顏色也非常黝黑。

在美濃國（也就是現在日本境內的岐阜縣），有許多在晚上撒網捕魚的村民，經常看到兩個川男在河邊並排的坐著聊天、講悄悄話，因而流傳出不少目擊故事。

＊江戶時代中期的日本國學者谷川士清所編輯。全93卷。在他死後的安永6年（1777）到明治20（1887），花了100年以上陸續出版。

參考書：《決定版 日本妖怪大全》水木茂畫

因為被人出現在河水邊，所以也有人說是他們日本各地傳說中河童（74頁）的一種，不過，因為這妖怪具有「高山」、「河川」、「個子高」等河童身上沒有的特徵，所以可以認為是不同種類的妖怪。

近年流傳的妖怪相關書籍裡，也記載了川男妖怪邀請行經河川邊的鄰居、路人或迷路的旅客說故事給他們聽的傳聞。

或許他們只是富於服務精神，喜歡與人靜靜聊天的妖怪也說不定。

在這幅畫裡，皮膚的顏色不是黑色，而是畫成綠色。

惹他生氣可是很恐怖的

樹精

「樹精」是沖繩的代表妖怪，傳說是榕樹的木精。

似乎常常以身體全紅的孩童姿態現身，因為地方不同，傳說有些是巨大的漆黑精靈，或是睪丸極大的人。

除此之外，還有「蹦蹦跳跳地走路」、「有男女性別之分、會生小孩，全家出現」、「主食是魚介類」等特徵。

而且，也有說法認為樹精和火有關，家中屋頂出現怪火的話，就是樹精通知那個家近期將會有人死去的警訊。

據說樹精自己會潛入海裡捕魚，另一方面，和奄美大角的水蝠（82頁）一樣，傳說會和人類乘坐同一艘船，一起捕魚。

看似友善的樹精幾乎不會對人類造成危害，不過，也有說法是一旦惹惱他，會徹底地被他的怨恨糾纏。傳聞說如果一般人走上了禁止進入的島，嘴裡就會被樹精塞進睪丸或胸部，窒息而死。

膽敢進到這島上，
我就把手塞到你的屁眼，
嚇到你牙齒打顫，
會碰到很恐怖的事喔！

ふろふぃぐる

妖怪名：樹精

出沒地：村落、島、海

大小：1m 左右

異色度：🔥🔥🔥🔥

參考資料：依據傳說創作

明明熱愛相撲，體臭卻薰死人的
水蝹怪

傳說是鹿兒島縣的奄美群島的妖怪，叫做「ケンモン」或「ケンムン」，早在江戶末期的文獻《南島雜話》裡已經登場，漢字標記為「水蝹」。

據說水蝹怪腳又細又長，全身長滿紅毛，臉像猴子，頭上有儲藏油脂的圓盤。喜愛相撲，會幫忙捕魚等，跟河童（74頁）或沖繩的樹精（80頁）有共通特徵。而且，因為住在榕樹上，所以好像也有人說是木精。

具有變身能力是水蝹怪較為特殊的地方，可以變化成任何看到的人或是馬、牛等等，據說也可以隱身不讓人知道行蹤。

如果砍了妖怪的住家——也就是榕樹的話，聽說都會有報應，不過對島上的人們來說，與其說是恐怖的存在，不如說是可愛的妖怪般受人喜愛。

和他熟起來的話，他會想跟人家玩相撲，可是體臭太濃烈，誰都不理會他的相撲邀約，這真是遺憾又悲傷啊。

ぷろふぃ〜る

妖怪名：水蝹
出沒地：海邊、山上
大小：1m30cm
異色度：●●●○○

參考書：《南島雜話》名越左源太畫
（收藏於奄美市立奄美博物館）

自己的表演如果
沒人愛就會抓狂

五體面

嘿嘿嘿，你好你好
久等了，久等了
啊呀，那是在做什麼
搞得這麼晚
拍勢～拍勢～
欸？你問「你哪位」？

五體面，一向畫成從大大的頭直接長出手腳的妖怪。

根據他的外形，「五體面」這個名字的「五體」，應該指的是頭、兩手、兩腳。

這是在《百鬼夜行繪卷》等作品裡都看得到的妖怪，因為繪卷沒有特別解說，所以是不是妖怪也不太能確定，不過妖怪研究者多田克己認為，因為五體面的體形像螃蟹，所以應該是跟事情走到偏路無法順利運作，也就是日本人常常說的「螃蟹橫行」諺語有雙關語意，所以他主張五體怪是會干擾事情進行的妖怪。（《妖怪圖卷》解說）

根據漫畫家水木茂的著作《決定版 日本妖怪大全》所提及，五體怪會出現在大名*或貴族宅邸的接待室，客人來的時候他常常現身，有時候會想逗笑客人。

當自己的搞笑表演沒人笑的話，他有時候好像會因為惱羞成怒而哭出來，或是直接暴走。接著他會把家裡搞得亂七八糟，最後就當場睡著。再任性怪癖再多也要有分寸嘛，真是個很煩人的妖怪。

＊ 大名，日本封建時代的領主。江戶時代的大名指的是直屬於將軍，俸祿一萬石以上的武家。

參考畫：《百鬼夜行繪卷》
尾田淑太郎（鄉澄）畫（松井文庫所藏）

ぷろふぃーる

妖怪名 ： 五體面
出沒地 ： 宅邸
尺寸 ： 1m
異色度 ：

在地火爐擅自生火的妖怪

五德貓

雖然不像狐狸或狸貓那麼愛捉弄人，但傳說貓咪也會變成妖精危害人類。

說到有名的貓怪，就是上了年紀的老貓，尾巴尖端分成兩股，擁有魔力的「貓又」（104頁）了。

因為貓咪行動很沉靜，表情也不太有變化，所以從以前開始，就常出現「貓會變成妖怪對人類作祟」的傳言。

隱藏本性裝得很乖巧，日文叫做「戴貓（猫をかぶる）」，是從貓咪的生態而來的語言表現。

這隻「五德貓」，是早在室町時代的《百鬼夜行繪卷》中看得到的妖怪，畫中描繪了它像是戴著帽子一樣戴著五德（在地火爐盛放鍋子或茶壺的台座），拿著生火的竹子，加入百鬼夜行的行列。

還有，在江戶時代的妖怪畫集《百器徒然袋》裡，也描繪了一樣的妖怪在圍爐邊生火的身姿。因為這張妖怪圖，所以最近的妖怪書有些會解釋這是在地火爐生火的妖怪，不過它的真面目恐怕是五德的付喪神。

好討厭呢~
最近很少看到暖爐桌了呢！
地火爐什麼的，根本幾乎全滅了，
冬天果然就是會很愛暖爐桌啊！
ふ~ ふ~

ぷろふぃ~る

妖怪名：五德貓
出沒地：人宅、村落
大小：60cm
異色度：🔥🔥🔥

參考畫：《百鬼夜行繪卷》
傳土佐光信圖
（收藏於京都・大德寺真珠庵）

在有月亮的晚上會翩然起舞

螺鬼

似乎萬物在歷經長久的歲月後，萬物都會長出靈力，幻化成妖怪，「螺鬼」也是其中之一。聽說只要是活過30年的螺，就會變身成妖怪。

螺長了眼睛，身體和手腳，早在室町時代的《百鬼夜行繪卷》，就描繪了螺鬼牽著蛤蠣的小孩妖「貝兒」的手的畫。

平常螺鬼乖巧地棲息在海裡，不過聽說月夜時會浮上海面，樂陶陶地跳起舞來。

在和歌山縣，流傳一個像落語梗一樣的故事。根據傳說，有一群海賊，救起了在海裡溺水的美女，過分的是，他們竟然群起施暴。女性其實是螺鬼變身的，所以所有海賊的睪丸都被拿走了。結果海賊群為了要拿回自己的睪丸，得付上大筆錢去贖。

也就是說「用金子買回金玉（譯註：日文裡的「金玉」是睪丸的意思）」。

（後續什麼的就略過不提了。）

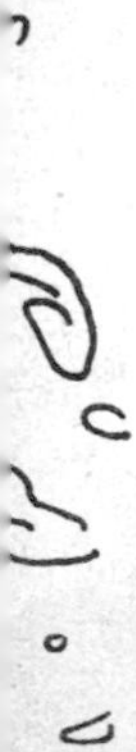

ぷろふぃ〜る

妖怪名：螺鬼
出沒地：海中
大小：不明
異色度：3／5

參考畫：《百器徒然袋》鳥山石燕畫
（收藏於川崎市民博物館）

都說是
「鮑魚的跳舞燒」
「螺肉的壺燒」！
我呢，被用直火一烤，
就會熱到全身捲起來，
所以叫做
「螺肉的跳舞燒」
不是不錯嗎？

三尸怪

監視人類然後跟神明打小報告

和國三大宗教之一的「道教」，與「佛教」、「儒教」並列的中國三大宗教之一的「道教」，認為人類的頭、腹部和腳裡住了「三尸蟲」，「上尸」是道士（修道者）形貌、「中尸」是野獸的形態、「下尸」是牛頭接著人類的一隻腳的樣子，據說三尸蟲會監視宿主人類的生活。

在60天循環一次的庚申*日，三尸蟲會從睡著的人類的身體裡跑出來，向天帝（天上的至高神明）報告人類平日的素行，根據罪狀，有可能會減壽，或是死後墮入地獄、餓鬼、畜生的三惡道。

所以，在日本，為了讓三尸蟲不要升天打小報告，有在庚申晚上熬夜的「庚申待」活動，從平安時代就開始了。現在各地殘存的庚申

＊也讀作「かのえさる」。干支之一。干支起源於中國，算法是60年一週期，由「甲」「乙」「丙」等十干配上「乙」「丑」「寅」等十二支組合而成。

塔，是為了紀念連續三年（18次）都舉辦庚申待而建的。「三尸怪」是三尸合體的樣子，也有人說是三尸中現出野獸姿態的中尸。

參考畫：《百怪圖卷》佐脇蒿之畫（福岡市博物館收藏）

ぷろふぃ〜る

妖怪名：三尸蟲
出沒地：屋頂
大小：不明
異色度：

ふろふぃ～る

妖怪名：高女
出沒地：遊廓、住宿場
大小：1m30cm~3m
異色度：🔥🔥🔥🔥

參考畫《圖畫百鬼夜行》鳥山石燕畫
（收藏於川崎市市民博物館）

一吃醋下半身就會拉得長長的

高女

「高女」，據說是愛吃醋的醜女變成的妖怪。

在《畫圖百鬼夜行》中，畫了在像是遊廓（可以抱妓女、激起客人遊興的房子）的建築裡，有個塗了齒黑、「引眉」的高女，下半身奇特地伸長的樣子。「引眉」的意思是剃或拔眉毛。本來是女子成人時的儀式，和齒黑是一套的。

平安時代中期開始，男性貴族和武將也開始拔或剃眉尾。但了江戶時代，幾乎所有的已婚女性，都會塗齒黑和拔眉毛。

近幾年在妖怪相關著作的解說中，認為高女是不被男人當作戀愛對象的女性所變成的，在遊廓等地的二樓偷窺，要脅別人。

從畫中齒黑和引眉的特色看來，知道這是已婚女性。好像也有人認為是鬼女的一種，不過沒有可以證實的傳說。總之，這似乎是善嫉、性格強烈的妖怪。

手目

手心裡的眼睛
會自動搜尋壞蛋

還錢來！！

你們如果偷了別人的東西，可不能輕易饒過！！

江戶時代刊行的怪談集《諸國百物語》中，刊了一篇附插畫的「手目」相關的故事—「被怪物剝了骨頭的人」。

某個男人在京都市內的墳場試膽的時候，出現了身高八尺左右（大概240公分）的巨大老人，怪物手心上還長了眼睛。

男人逃到附近的寺廟，拜託寺裡的僧人讓他躲進長持（保管衣服等，有蓋子的長方形的箱子）裡面。僧人則偷偷在暗處偷看，這時追趕男人的怪物也進了寺廟。

結果，長持附近發出了好像狗在舔骨頭的聲音，不久，怪物消失了。僧人一打開長持，發現男人身體裡的骨頭都被拔走了，只剩下皮膚……

還有，在岩手縣和新潟縣，傳說被搶走財物的人，在滿月的夜晚，兩手手心上的眼睛會打開，會為了尋找復仇的壞人在月夜徘徊。「手目」，是因為怨恨的念力，在手心中長出眼睛來的妖怪。

妖怪名：手目
出沒地：墳場、荒野
大小：1m40cm、2m40cm
異色度：

參考畫：《百鬼夜行繪卷》
尾田淑太郎（鄉澄）畫（收藏於松井文庫）

雙頭的謎樣妖怪

這樣那樣兩頭妖

江戶時代的繪卷和妖怪畫冊裡，畫了綠色的女性妖怪，她有一個身體，卻有兩顆頭。根據繪卷記載，它有不同的名字，有稱為「這樣那樣」的，也有稱為「左右兩頭」，沒有關於妖怪的進一步說明。因此，是謎樣的妖怪，不過在石川縣、長野縣和高知縣等處，流傳著以下的故事。

從前，有兩位醫生「那樣」跟「這樣」，都自豪「自己才是日本第一的名醫」，於是他們決定要好好比試。兩個人先砍了對方的手腕，比賽重新接起手腕的功力，因為完全不留痕跡，所以分不出勝負。接下來，兩個人輪流砍了對方的頭再接回去，都在一瞬之間完成了。這樣也分不出輸贏，於是決定「這次要同時砍頭，同時接回去」，說好以後同時砍了對方的頭。當然，沒有人能幫他們把頭接回去，因為兩個醫生都死了。所以，什麼都沒辦法了就變成「這樣也不行、那樣也不行了」。

ぷろふぃ〜る

妖怪名：這樣那樣兩頭妖
出沒地：不明
大小：不明
異色度：●●●●○

參考書：《化物盡繪卷》北齋季親畫
（國際日本文化研究中心收藏）

哭著來報告不幸的老婆婆

哭泣婆婆

喔~唉喲喔喔

一般認為是出現在靜岡縣的妖怪，在《蕪村妖怪繪卷》裡，她的名字是「夜泣婆」。

聽說，在家門前這個妖怪一現身哭泣，所有人都會被影響一起垂淚。然後，這種事重覆個幾次，這家庭就會真的發生不幸，也有說法是這妖怪是災神一類。

漫畫家水木茂在他的著作《決定版 日本妖怪大全》裡這樣記載「有人要死掉前她就會哭，大概她的哭聲會引來不幸

ぷろふぃ~る

妖怪名：哭泣婆婆

出沒地：人家、村落

大小：1m30cm

異色度：🔥🔥🔥🔥

參考書：《蕪村妖怪繪卷》與謝蕪村畫

（收藏於東北大學附屬圖書館）

吧！」，她的任務是預先通知人們：不幸就要來臨。還有，書裡也寫到：「一般說到『哭泣婆婆』，不是指妖怪，而是孝女白琴那樣專門把哭當作工作的人，以前人們會給哭泣婆婆謝禮，大概是白米三升或是五升。」

從前人們在葬禮時，也會雇用嚎啕大哭的女性，一般稱呼他們為「哭泣女」或「泣女」。還有一說是，他們本身具有拔除惡靈以及叫靈（將死者的靈魂喚回）的能力。

誰是章魚怪啦

白痴！

紅色兜襠布加上白足袋
看看我氣勢全開
還不懂嗎？
我就是火焰跑者啦！

ふろふぃ〜る

妖怪名：兩腳怪
出沒地：村落
大小：1m
異色度：

參考書：《百鬼夜行繪卷》
尾田淑太郎（鄉澄）畫
（收藏於松井文庫）

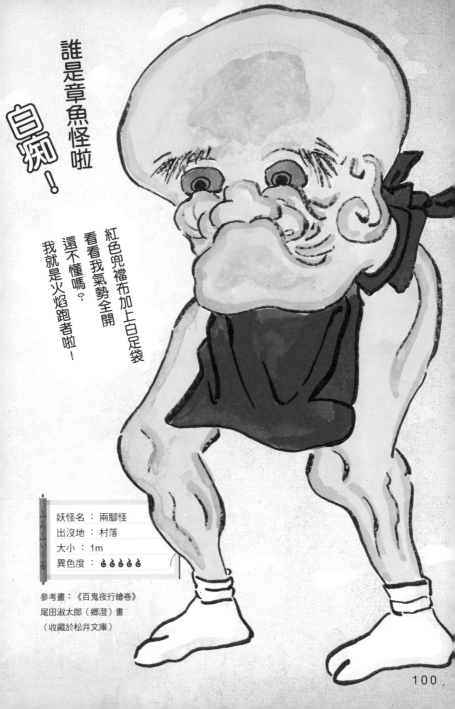

頭就直接連到腳！究極二頭身

兩腳怪

這是江戶時代很多妖怪繪卷中可以看到的妖怪，不管是哪幅繪卷，兩腳怪的長相，都是在臉的正下方，直接畫了穿著白色足袋，是屬於肌肉發達的妖怪。

因為這種奇怪的外形，除了「兩腳怪」以外，也被稱為「不照牌理怪」。

「不照牌理」，指的是不按順序，或是亂七八糟的意思，真的，他的形貌就是不照順序。

要說是做什麼的妖怪？因為繪卷上並沒附文字解說，我們無法知道詳情，不過，漫畫家水木茂的著作裡記載：「從兩腳怪的樣子可以想像，總之好像是喜歡到處奔跑的妖怪。從前似乎較常出現在九州地方，不過這種奇形怪狀的妖怪，如果在夜晚的鎮上奔跑，那畫面應該是相當恐怖的」。

也許只是到處跑，不會對人類造成任何危害，可是，從他的樣子可以看出是很奇異的妖怪。

晚上會擋路的妖怪

塗壁

「塗壁」是晚上會擋住路人的路，看不見樣子，像是牆壁一樣的妖怪。

傳說是九州北部的妖怪，據福岡縣沿岸地方的傳承，當人們深夜行走在路上的時候，突然會被看不到的牆壁擋住，不能往前走，想要往旁邊鑽過去，不管左右都會延伸出牆來，無法前進。

江戶時代狩野派畫家——狩野由信所畫的《化物盡繪卷》裡，畫了像獅子（大型野獸）般的，有三隻眼的妖怪。直到

最近，我們才知道同樣的妖怪在別的繪卷裡稱為「塗壁」。雖然我們不能斷言，這妖怪畫就是九州所流傳的塗壁，不過就算外貌長相有些不一樣，可能也有相似的性質。

水木茂的漫畫《鬼太郎》裡登場的「塗壁」，是有眼睛跟手腳的巨大的牆壁般的角色，這是水木茂根據傳說創作出來的。

狹小的日本 你那麼急 是要去哪裡？

（1973年全國交通安全運動的標語）

有時候**走岔路**去別的地方，或是**繞個路**也不錯喔。也許會有什麼意外的發現呢！

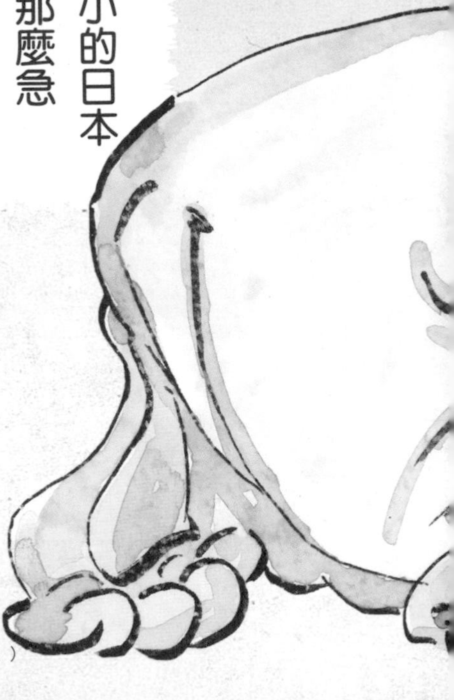

ぷろふぃ〜る

妖怪名：塗壁
出沒地：夜路、村落
大小：不明
異色度：●●●●○

參考書：《化物畫繪卷》狩野由信畫
（收藏於廣島縣三次市「湯本豪一藏品展」）

老貓，其實會騙人也會吃人？

貓又

參考書：《百物圖卷》佐脇嵩之畫
（收藏於福岡市博物館）

鎌倉時代有名的詩人藤原定家[1]*日記裡，提到了在南都（現在的奈良縣），曾經出現「貓又」，一晚獵殺了好幾個人還全部吃掉了。

貓又的樣子，據說是「眼睛像貓，體型跟大型犬差不多」。

還有，同樣是鎌倉時代有名的隨筆《徒然草》[2]*中記載，除了「深山中有貓又，會食人」的說法以外，又說有不少傳聞家貓年紀大了以後，也會變成貓又，會吃人或襲擊人。

從這裡，我們知道貓又可以分成山裡的野獸、上了年紀的老貓兩種變化成的。

江戶時代以後，養在家裡的貓年紀一大，尾巴尖端的毛會分成兩股，擁有魔力，這種說法廣為人知，人們可以認為，住在山裡的貓又，本來是從村落移住過去山裡的。

還有，貓又常常是妖怪畫的題材，在《百怪圖卷》等作品裡，也畫了貓又像女性一樣打扮，彈著三味線的樣子。

ぷろふぃーる

妖怪名：貓又
出沒地：山中、宅邸
大小：1.2m~2.8m
異色度：

＊1 創作《新古今和歌集》等作品的詩人。貓又出現在日記《明月記》中天福元（1233）年的記載中。

＊2 兼好法師的作品 是「日本三大隨筆」之一。

ぷろふぃ～る

妖怪名：寢肥
出沒地：民家
大小：幾乎是房子都裝不下的程度
異色度：

「寢肥」是見於《繪本百物語桃山人夜話》的妖怪。起床的時候看起來像一般女性，但是晚上一躺上床，全身就會一口氣膨脹變大，膨脹成房間都裝不下的巨大身體，聽說還會發出跟車子一樣響的鼾聲。除此以外倒不會造成其它困擾，不過絲毫不性感，只是很吵又很熱，是麻煩的妖怪。

在上方（關西）的落語，有一個說話的段子「玉牛」。在某個村子裡，有一個叫做阿玉的美女的家，「小突源太」某個晚上偷偷潛了進去，當他把手伸進棉被裡，「阿玉，怎麼全身是毛啊……身體這麼肥大喔。是寢肥嗎？」令人驚嚇的劇情超展開。

原來為了守護親愛的女兒，阿玉的父親事先在阿玉的棉被裡塞了一隻牛，所以這時候父親就跑了進來，逼問男人：「這樣你還敢來我女兒這裡嗎！」，他對牛說「已經『哞』敢來了」然後逃走了，結尾的哏是這樣的。

白天是美女，鑽進棉被以後……寢肥

我的特殊技能是復胖。

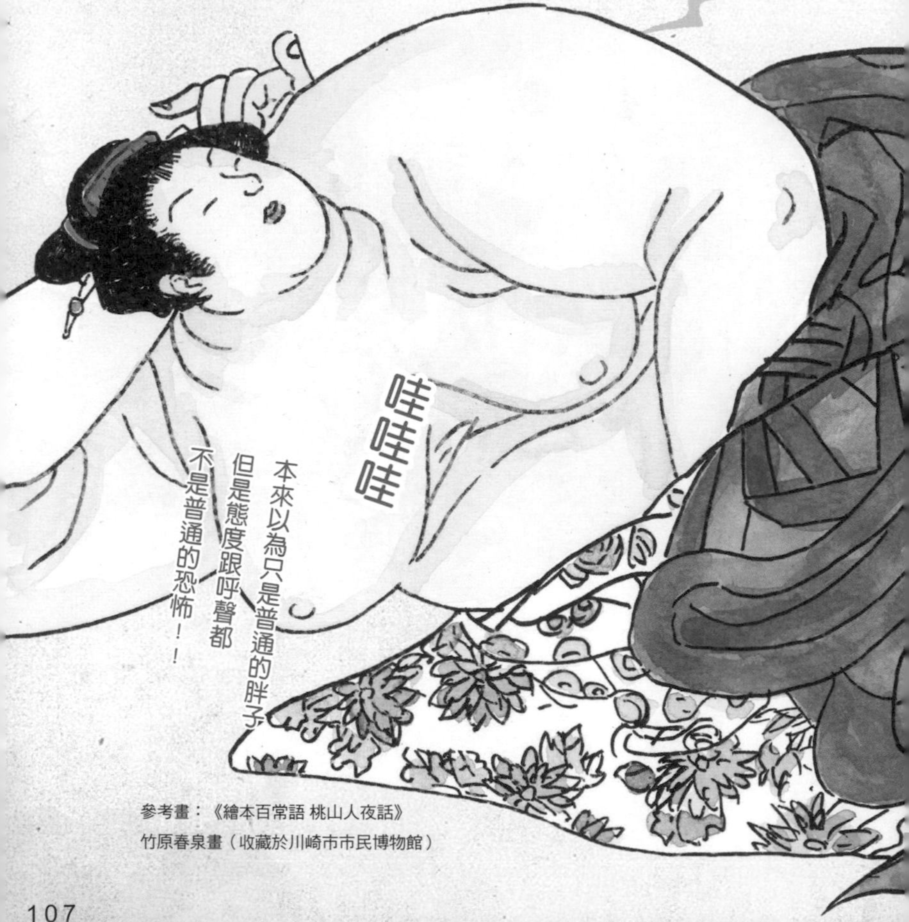
哇哇哇
本來以為只是普通的胖子
但是態度跟呼聲都
不是普通的恐怖！！

參考書：《繪本百常語 桃山人夜話》
竹原春泉畫（收藏於川崎市市民博物館）

鼯鼠？蝙蝠？包袱巾？？？
野衾

想吸血嗎？
也沒人叫我，但我會突然輕盈地現身
我就是大家在八卦的
野衾哪！
跟吸血蝙蝠
不一樣啦

參考書：《化物盡繪卷》北齋季親畫
（收藏於國際日本文化研究中心）

ぷろふぃーる

妖怪名：野衾
出沒地：山中、村落
大小：不明
異色度：●●●●○

「野衾」是當我們走在山裡或路上時，會突然出現擋路的妖怪，大概可分成兩種。

一種傳承於高知縣幡多郡（現在的宿毛市）附近，這種跟「塗壁」一（102頁）一樣，會突然出現在路上，像是看不見的牆壁，阻止行人往前進。

另一種，傳說在新潟縣的佐渡島和江戶（現在的東京），是跟鼯鼠很像的妖怪。

在佐渡島，聽說晚上會有像是巨大的包袱斤一樣的東西，從天空中輕飄飄地飛下來，包住人的頭。在江戶一帶據說出現的則像是鼯鼠一樣的東西，這傢伙也會包覆住人類的眼睛和嘴巴。

這種動物系野衾除了吃樹木的果實，也會吞火，聽說還會吸食人類和動物的鮮血，江戶時代的奇談集《繪本百物語 桃山人夜話》也記載了這種妖怪的真面目。其實是經過長時間演化而成為精怪的蝙蝠。

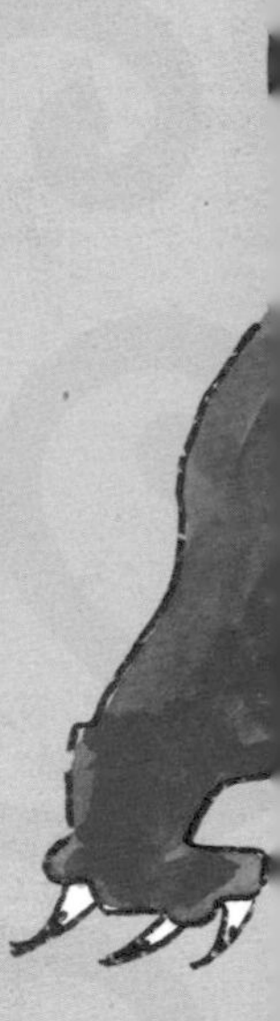

「敲鉦鳴響」的黃色妖怪

銀杏妖靈

「銀杏妖靈」可見於《蕪村妖怪繪卷》，他的樣子是黃色的身體穿著墨汁染的和服，手上拿著鉦（用槌子或撥子敲擊的金屬製皿狀樂器，通常在雅器和佛教音樂中使用）。

銀杏常常被認為是精靈棲居的樹木，所以也有不少神社會在銀杏樹上圍起了注連繩，將其視為神木。《蕪村妖怪繪卷》中，還加上了名字「鎌倉若宮八幡銀杏木之妖異」。這棵樹應該就是鶴岡八幡宮的大銀杏。

鎌倉幕府第三代將軍源時朝被暗殺的時候，因為犯人也就是僧侶公曉潛身於此處，所以也被稱為「隱銀杏」。高約30公尺的巨木，樹齡據說有千年，是鶴岡八幡宮的象徵。

可惜在平成22年（2010）年3月，這棵大銀杏因為強風的緣故被吹倒了，不過第二個月長出了根芽（在樹木的殘株或根部長出的新芽），之後發出了茂密的小葉子，好像很順利地成長。

ぷろふぃーる

妖怪名：銀杏妖靈
出沒地：村落
大小：1m
異色度：

參考書：《蕪村妖怪繪卷》與謝蕪村畫
（收藏於東北大學附屬圖書館）

隱藏在地底的鬆軟可愛妖

羞羞蟲

作看像是雪人或是大福餅的妖怪，被認為原本由中國的「謝豹蟲（譯注：出自《酉陽雜俎》：「謝豹，蟲也，以羞死，見人則以足覆面如羞狀。」）而來。

謝豹是從羞恥感幻化出來的妖怪，平常躲在地底下，當人類體驗到羞恥的情緒時，它就會現身。繪卷裡描繪的羞羞蟲，好像是在說著「啊呀呀~~~又做了丟臉事！」，用短短的前腳抱著頭偷看這邊一樣，看起來非常羞怯。

想來大概很少有人會在別人面前大便，可是幾乎大部分的人都有偷放屁的經驗吧。現在的話，大家都可以一笑置之，可是江戶時代，女

參考畫：《化物盡繪卷》北齋季親畫
（收藏於國際日本文化研究中心）

「新娘，放一個屁也是要拼命的」

ふろふぃ〜る

妖怪名：羞羞蟲
出沒地：土裡
大小：不明
異色度：🌀🌀🌀🌀🌀

女性在人前放屁，可是攸關生死的大問題，好像還有因為在相親時放了屁，就此自閉在家或自殺的女性。所以，就有一種工作是丟臉的替身「屁負比丘尼」，她們跟著高貴的太太或是小姐，一旦太太或小姐放屁了，屁負比丘尼馬上出面說「是我」。要說的話，他們可是從羞羞蟲手上守護女性的代罪羔羊。

指出他的惡作劇他會發怒

單眼小僧

這個妖怪出現時，形貌是臉上只有一隻眼的小童。跟豆腐小僧（42頁）一樣，江戶時代的黃表紙和本，很多把他們描繪成吉祥物，據說是屬於會突然出現、嚇唬一下人的鬆軟型妖怪。

也有傳說他們喜歡吃豆腐，在妖怪畫裡，也有一些畫了他伸出長長的舌頭舔著手上豆腐的樣子。

關於單眼小僧有很多傳說，其中江戶時代的怪談集《怪談老之杖》*裡的故事最有名。

在四谷的鳥店，喜右衛門賣了鶴鶉給麻布的武士家，為了取款到了麻布宅邸，結果房間裡出現了10歲左右的小童，把床之間的掛軸捲起來又弄掉，然後再捲起來又弄掉……一再重複。

跟小童一說，他馬上回頭大叫「閉嘴啦！」一看小童臉上只有一隻眼睛，喜右衛門哭叫著倒下了。聽說那宅邸一年會發生4、5次這種怪異之事……

雖然不致於危害人類，但如果想制止他的惡作劇，聽說他一定會用一隻眼回瞪你，要你「閉嘴！」

ぷろふぃ~る

妖怪名 ： 單眼小僧

出沒地 ： 村落

大小 ： 1m

異色度 ： ●●●●○

＊ 平秩東創作的怪談集，「鳥店老闆碰到妖怪的故事」中，叫人「閉嘴啦」的單眼小僧故事很有名。

參考書：《妖怪著到牒》北尾政美畫（收藏於國立國會圖書館）

那邊的小孩！
那樣做
你覺得可以嗎！
安靜！
你~
哇！
一隻眼！！

是江戶時代妖怪畫集《今昔百鬼拾遺》裡的妖怪，畫他從緣側的下面伸出上半身，把頭拉得長長的，伸出長長的舌頭舔油燈（以前的照明用具）的樣子。

根據解說，火間蟲入道生前好吃懶做，死後變成妖怪，所以如果有人晚上拚命工作，他就會突然出現，熄滅掉油燈來妨礙工作。

跟「へのへのもへじ」一樣的文字遊戲，把火間蟲入道的發音「ひまむし」換成「へまむし」，

「へめへめいひひ」
是女生♪
「へのへのもへじ」
是男生♪

然後用片假名的「へ」、「ま」、「む」、「し」畫出眼、口、邊，再用「入道」（修行人）畫出身體，就能畫出火間蟲入道的形態了，《今昔百鬼拾遺》也介紹了這種假名圖畫遊戲。

除了「懶漢」的說法，民間也有一種說法，說火間蟲入道是住在陰暗處的蟑螂變的。

公蟑螂有「火蟲」的別名，會偷偷躲起來吃剩飯，或是偷嘗用在油燈的魚油。因為和這種妖怪在生態上是一樣的，所以也有理由說是蟑螂妖。

會干擾認真工作的人

火間蟲入道

用「ヘマムショ入道」畫，
一下子就畫出火間蟲入道了。♪

ぷろふぃ～る

妖怪名：火間蟲入道
出沒地：民宅
大小：1m50cm
異色度：🌀🌀🌀🌀

參考書：《今昔百鬼拾遺》鳥山石燕畫
（收藏於川崎市市民博物館）

河怪

雖然是河童一夥的，但喜歡的是茄子

我們來比賽瞪眼睛，笑了就輸了喲
噗噗噗嗚嗚嗚～～～！
啊放屁了

參考畫：《百怪圖卷》佐脇嵩之畫
（收藏於福岡市立博物館）

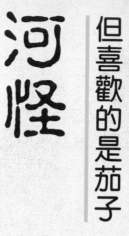

傳說是九州地方的妖怪，河童（74頁）的夥伴。

河怪的身形像猴子，繪卷經常描繪它多毛的樣子。和身體相反，頭是光溜溜的禿頭，乍看具有幽默的表情和姿勢，又好像有點瞧不起人的樣子。

跟熱愛小黃瓜的河童不一樣，河怪喜歡吃的是茄子，也有一些地區的民眾會固定把剛採收的茄子供奉給河怪。

有一種說法是看到河怪的人，會罹患原因不明的怪病，也會傳染給周圍的人。

還有，有女性目擊到在茄子田大吃的河怪，不久全身發紫死掉了。也傳說如果跟著河怪一起笑的話，會發燒死亡。

每年在春秋兩季的彼岸，河怪會沿著溪流發出「呵唷～呵唷～」的叫聲，來往兩地，因為他的叫聲，所以也就被稱為「呵唷怪（河怪）」了。不過名字的由來似乎有各種說法。

ぷろふぃーる

妖怪名：河怪

出沒地：河川、山裡

大小：1m 左右

異色度：🔥🔥🔥🔥

是善良，也是邪惡的「不可思議系」

葫蘆怪

大部分的妖怪可以從他變身前就想像出變化成妖的樣子，不過，裡面也有很難看出他到底會變成什麼樣子的妖怪。

「葫蘆怪」就是那種「不可思議系」的妖怪之一。

圓圓的眼睛、長長的喙嘴和鮮紅的舌頭，從他蹲踞的姿態看來，要看成青蛙系的妖怪也可以，不過從他的名字和樣子，能知道他是葫蘆變身的妖怪。

葫蘆怪，早在室町時代的妖

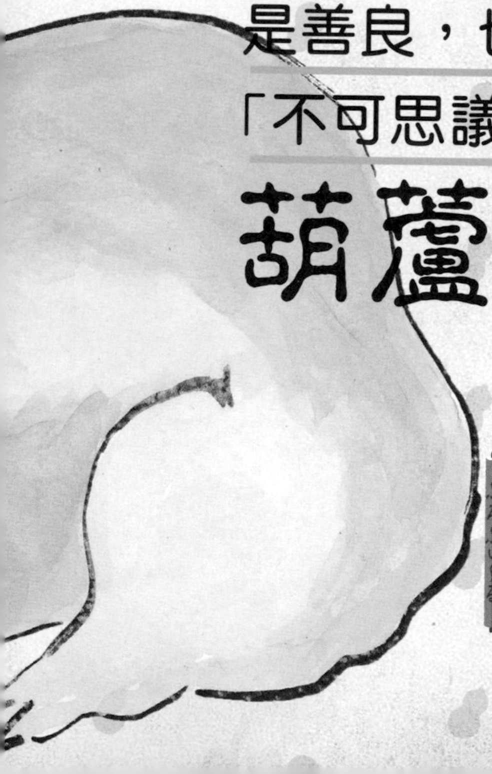

ぷろふぃ～る

妖怪名：葫蘆怪
出沒地：不明
大小：5cm~2m
異色度：

參考畫：《百妖圖》作者不詳
（收藏於大屋書房）

怪繪卷已經有記載，江戶時代的《百器徒然袋》裡畫了頭部是葫蘆，身體是人形的「葫蘆小童」的妖怪。

從前的迷信認為「中間是空的東西必有靈魂住在其中」，所以如果惡靈住在中間變成妖怪，就是葫蘆小童。

在出雲大社*的「瓜剝神事」祭祀中，有一種傳統儀式，是將葫蘆切開，加上柄杓，在供奉神水時使用。這其中也包含了利用葫蘆裡的靈力的意涵。

「葫蘆裡跑出小馬」譬喻發生意料不到的事或是不可能的事。那「葫蘆裡跑出舌頭」就指的是變成意想之外的東西了。
開玩笑的，沒有那種諺語

＊　出雲大社一年72次的祭祀儀禮之一，會供奉鹽、福穗、瓜、茄子、芋頭、大角豆、水。這個祭禮的意義為何，還無法確定。

黑暗管理者？防火管理系？

吹婆婆

走在夜路上，拿著燈籠的蠟燭或是家裡油燈的火，明明沒有風，有時候卻會突然熄滅，據說這是吹熄火的老婆婆妖怪「吹婆婆」做的好事。

根據《今昔畫圖續百鬼》的說法，妖怪是陰氣（負能量）的存在，對火等明亮的（正能量）事物很沒輒，所以一到陰氣支配的夜晚，吹婆婆就會忙著為了妖怪們熄滅燈火。

在怪談集《東北怪談之旅》（參考61頁下方的註解），有以下記載：「秋田縣的宿場町，有個家庭在慶祝婚事，客人回去以後，總管想要回頭熄掉宅邸裡的蠟燭，結果吹婆婆現身把所有燈火都弄熄，她也消失無蹤了。」

除了吹熄燈火以外，吹婆婆沒做什麼壞事，因為思考方法不同，也可以把她想成防火管理人，不過在以前的時代，說到空間照明，只能倚靠火，所以她無疑還是有點讓人困擾的存在。

呼呼呼～～～～～～
你問我肺活量多大？
那種事
我沒測過啦。

ふろふぃ～る

妖怪名	吹婆婆
出沒地	人宅、 村落
大小	1m30cm
異色度	🔥🔥🔥🔥

參考書：《今昔畫圖續百鬼》鳥山石燕畫（收藏於東北大學附屬圖書館）

「不愛吃飯的老婆」
只是說說而已

二口女

我什麼都不吃……
騙你的～啦！
哪有那種事嘛
白～痴！！

「二口女」，是流傳在日本全國「不吃飯的老婆」故事裡登場的妖怪。

某個村子裡有個非常小氣的男人，他找老婆的條件是能不吃飯、只會辛勤工作的女人。

有一天，來了一個女性說：「我什麼都不吃，請娶我」。其實，那個女人在頭部後方長了另一個嘴巴，是大食量的二口女。

知道她真面目後的男人，想把老婆趕出去，反而卻被吃掉了。在各地區，二口女的真相有「鬼女」、「山姥」、「蜘蛛精」不同的說法。

江戶時代的奇談集《繪本百物語 桃山人夜話》裡有不同版本的故事。

這本書中說道，有個繼母因為不喜歡前妻的小孩，連食物都不給，把小孩活生生餓死了。小孩的死去的第四十九天那天晚上，要去割柴的老公的斧頭，往後一劈竟劈到這個女人的頭後方。裂開的傷口不久變成了嘴巴，雖然會隱隱作痛，可是只要放進食物不知為何就不痛了，漸漸地，還會喃喃說些後悔的話。

ぷろふぃーる

妖怪名 ： 二口女

出沒地 ： 住家

大小 ： 1m30cm

異色度 ： 🌀🌀🌀🌀🌀

參考畫：《繪本百物語 桃山人夜畫》
竹原春泉畫（收藏於川崎市市民博物館）

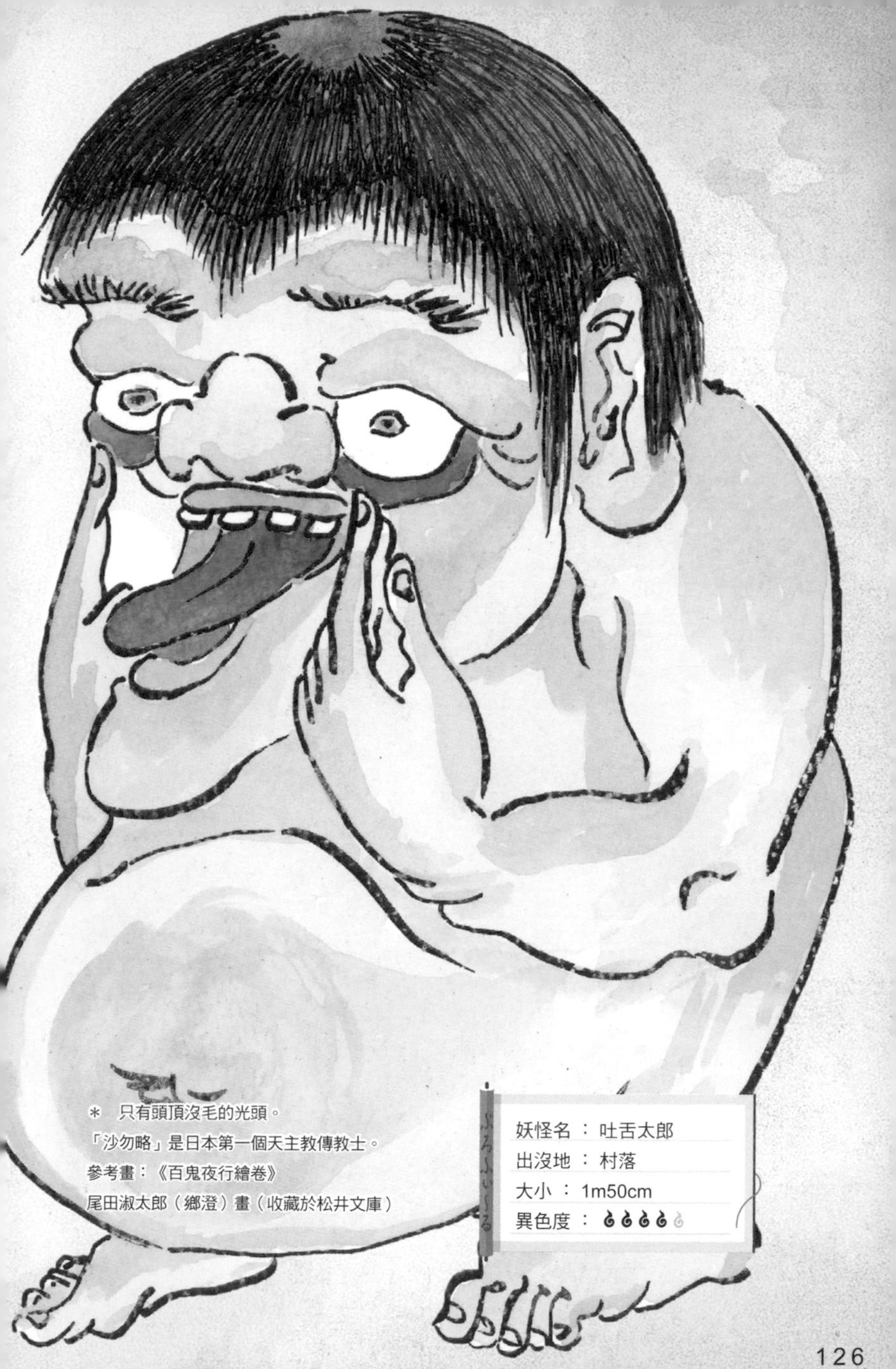

＊　只有頭頂沒毛的光頭。

「沙勿略」是日本第一個天主教傳教士。

參考書：《百鬼夜行繪卷》

尾田淑太郎（鄉澄）畫（收藏於松井文庫）

ぷろふぃ〜る

妖怪名 ： 吐舌太郎

出沒地 ： 村落

大小 ： 1m50cm

異色度 ：

ㄌㄩㄝ～！

有點煩耶……！

令人煩躁的裸體將軍

吐舌太郎

江戶時代的很多繪卷畫了這個兩手把下眼皮往下拉，一邊伸出舌頭的二頭身妖怪。

根據不同的繪卷，有許多不同的稱呼，像是「伸舌太郎」、「伸伸太郎」、「舔舔太郎」、「不行喔！」等名字，每個都是「沙勿略*禿再加上全裸」的糟糕外表。

這個妖怪的動作，就是小孩在嘲笑別人的時常做的「ㄌㄩㄝ」，在中國，稱為「張目吐舌」，要嚇唬別人時常用，聽說有些人看到做這個動作的妖怪就死了。

在日本的繪卷裡，關於這個妖怪，並沒有詳細的說明，其實，這個動作也是除魔的手勢。

因為日本從以前就相信「紅色」有除魔和除厄的神通力（超人般的力量），所以會讓對方看下眼瞼的內側或舌頭等紅色部分。

神社裡區分世俗和神域境界的鳥居也是紅色的，所以人們相信只要穿過鳥居就能滌清一身的惡運和淨化污穢。

ぷろふぃ〜る

妖怪名：豆狸
出沒地：山中、村落
大小：跟中型犬差不多（體長）
異色度：

日本西部流傳的妖怪。在山陽地方被稱為「豆豆狸」，聽說有時候會變成大概跟三四歲小孩差不多尺寸的老婆婆，不發一語坐在儲藏室。

在釀酒活動繁盛的兵庫縣灘的附近，傳說如果酒藏裡有豆狸，就能釀造出好酒，所以豆狸在這一區很被尊敬。還有，也有說它會附身在做壞事的人類身上，特別是大阪的豆狸常常附身。

根據江戶時代奇談集《繪本百物語 桃山人夜話》，它的睪丸囊袋攤開來有八個榻榻米大，在下小雨的晚上，它會變身成別的東西，不撐傘而是戴著自己攤開的子孫袋，出門買酒喝。

而且，還有一種說法是，豆狸它會把子孫袋攤開變大，讓人類看到奇幻的房間。

將有某人在朋友家過夜的時候，不小心未熄滅的菸蒂掉落在榻榻米上，突然榻榻米一下子捲了起來，他也被拋了出去。一回神，他發現自己坐在荒郊野外，房間和房子都消失了。那個榻榻米的房間，就是豆狸攤開來的子孫袋（睪丸囊袋）。

不是戴傘帽，他戴的是……什麼東西啦？

豆狸

沙沙地下著雨的日子，
吃鍋就是最好的啦～

參考畫：《繪本百物語 桃山人夜語》

竹原春原畫（收藏於川崎市市民博物館）

越往上看會發現他
越變越大的「長頸」妖

見越入道

半夜爬坡道的時候，會碰到這個小和尚，但越往上看他會越變越大。這是日本全國知名的「見越入道」妖怪，又被稱為「漸漸高」或「高和尚」。

聽說如果就那樣一直看著他，可能脖子會被勒住或死掉，但是只要你說出「我看穿你嘍」，它就會消失。

又傳說，在九州壹岐島，見越入道出現前，會發出「嘩啦嘩拉」竹子晃動的聲音，如果很快地誦念「見越入道，我看穿了」，那麼入道就會消失，可是如果默不做聲地通過現場，竹子就會倒下，也有可能在此喪命。

在妖怪畫裡，見越入道有很多形貌，江戶時代大多數的草双紙*，都畫出了他的特徵長脖子，江戶時代後期，長脖子更誇張了，還常看到三隻眼睛的。幾乎都是男性，不過在黃表紙《夭怪著到牒》裡，畫了「尼入道」，身上體毛很多而且有長脖子的女性版見越入道咬著武士的樣子。

ふろふぃーる

妖怪名：見越入道

出沒地：山中、村落

大小：4m~15m

異色度：

＊草双紙，江戶中期後流行的附有插圖的大眾小說。

參考書：《夭怪著到牒》北尾政美畫

（收藏於國立國會圖書館）

第3章

也太糟糕的妖怪

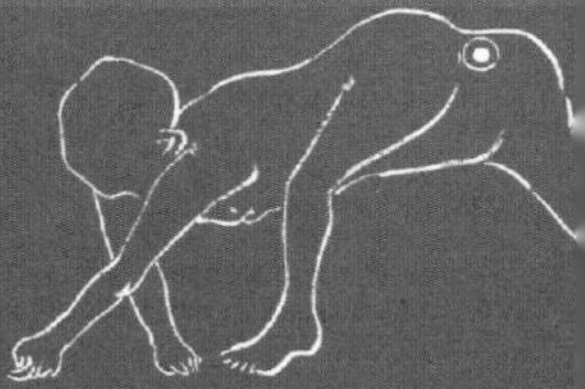

每晚，跑過來逼你幫他洗髒腳。
突然出現，竟然放臭屁給人聞。
出現的時候，
頭上和屁股上的眼球亮起來，驚嚇對方。
隨隨便便進去別人家，
好像是自己家一樣……
這是糟糕至極的妖怪們的大集合。

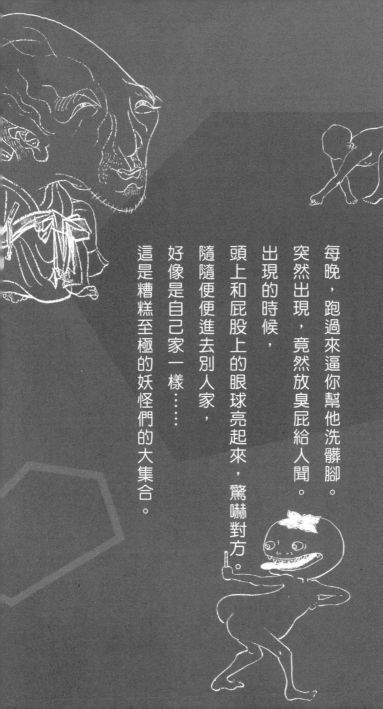

排名 No.1 的家政夫

舔垢魔

打掃浴室的時候，最難纏的污漬就是水垢了。特別是浴室和浴缸最容易髒，不好好清掃的話，水垢會堆積，就會黏黏的。

再加上，浴室在家中常是日照比較差、也比較陰溼的地方，從前的廁所也一樣，都是妖怪容易棲居的地方。

「舔垢魔」，是舔嘗水垢為生的妖怪，聽說沒有人的晚上，它會出現在浴室。

《畫圖百鬼夜行》畫了腳上有一根尖爪，披頭散髮的（剪掉髻的披散髮型）妖怪，伸出長舌頭的樣子。以這張畫為基礎描繪的妖怪畫很多，彩色版本的畫面因為從「垢」出發的聯想，也有全身被塗成紅色的，江戶時代的《百種怪談妖物雙六》則畫了三根爪子的綠色舔垢魔。

也許會有散漫、不愛清掃的人對舔垢魔抱著「感謝它幫忙把水垢清乾淨」的想法吧！

不過，如果想像自己浸在浴缸的時候它突然現身，應該會嚇到魂不附體，根本不能好好地放鬆啊！

要幫我擦背？
要說呢～
我也有
選擇對象的
權利吧？

身體的顏色不是綠色的，
也會變成藍色的。

ぷろふぃ～る

妖怪名：舔垢魔
出沒地：澡間、老宅
大小：1m40cm
異色度：ᘐᘐᘐᘐᘐ

參考書：《百種怪談妖物双六》歌川芳員畫
（收藏於都立中央圖書館特別文庫室）

啪嚦啪嚦啪嚦！！
給我洗腳！
YOU是為什麼跑來這家裡？＊1

參考畫：《本所七不思議之內 足洗邸》
歌川國輝畫（收藏於墨田鄉土文化資料館）

ぷろふぃ〜る

妖怪名 ： 洗足屋敷
出沒地 ： 屋頂
大小 ： 不明
異色度 ： 👣👣👣👣👣

＊1 此處在戲擬日本著名綜藝節目的名稱「YOU是為什麼跑來日本」）
＊2 將軍的直屬部下，以米的俸祿表示的話，是領地不滿一萬的小規模領主。

大腳一踩就打破天井

洗足屋敷

「洗足屋敷」的傳聞，是江戶本所（現在東京都墨田區）發生的「本所七不思議」怪談之一，據說最初是在本所三笠町（現在墨田區龜澤），有一個叫做味野岌之助的旗本[2*]家中出現的怪異事件。

在這間房子裡，不知道從何時開始，只要天一黑，從天井裡面，就會出現「幫我洗腳」的聲音，伴隨踩破天井啪嚦啪嚦的聲響，長滿硬毛的巨大腳掌從天而降。

那隻大腳，沾滿了鮮血和泥污，家裡的人幫忙清潔了以後，它就會縮回天井裡，如果不洗的話，就會生氣地踩破家中天井大吵大鬧，是不明所以的超難搞妖怪。

每晚重複這種事，不堪其擾的味野跟旗本夥伴討論以後，同事大感興趣，想出「你那麼困擾的話，跟我交換房子如何」的法子。味野開心地和夥伴交換了房子，可是聽說宅邸易主後，大腳妖怪洗足屋敷就再也沒出現過了。

愛穿女裝的搞笑怪大叔

討嫌鬼

背後看起來，好像是美麗的女性，不過頗為讓人百思不得其解的地方是……這個人的服裝品味實在很特別。

妖怪畫集《今昔百鬼拾遺》裡描繪的「討嫌鬼」，背後看起來是美麗的女性，但映在水面的樣子卻是臉上長滿鬍子的老人。

因為沒有具體的特徵描述或解說解說，所以不知道是什麼樣的妖怪，只看得出是愛穿女裝的怪大叔。

或許，對那些被背影美女吸引、因為好奇就輕浮搭訕的「男人我最大」族群，這妖怪用與美女截然不同、恐怖又討厭的表情來給這種男人威脅懲戒，也說不定。

近幾年喜歡女裝打扮的大叔愈來愈多了，能夠實際體驗女裝的店也沒那麼稀奇了，就算遇到了傳說中的「討嫌鬼」，或許人們也不會那麼驚訝了。不過，因為從前的人大概沒看過穿女裝的大叔，所以可能覺得很恐怖吧。

ぷろふぃ〜る

妖怪名：討嫌鬼
出沒地：村落
大小：1m50cm
異色度：

參考畫：《今昔百鬼拾遺》/鳥山石燕畫
（收藏於川崎市民博物館）

收錄在妖怪繪卷《百鬼夜行繪卷》裡的「馬鹿」，是身上裹著布的獨角妖怪。

據說馬路是擁有像馬臉一樣長的臉和鹿的身體，要說那臉是馬還是鹿好像都可以，表情呆傻，只有一顆的眼珠正從臉上飛出來。而且長了蹄的左右手上下交替，做著他的決定版可笑動作。不知道這是什麼妖怪，但好像看到這麼白痴的妖怪的人也會變成白痴，是很糟糕的妖怪。

馬鹿的語源有很多說法，像是曾經有人認為是從中國的古典歷史故事「指鹿為馬」來的。當皇帝的親信獻上鹿的時候，說「這是珍貴的馬」，皇帝回問：「這不是鹿嗎？」可是，親信堅持這是馬，於是皇帝遍問其他家臣。害怕親信報復的臣子們回答是「馬」，但是不滿的家臣回答「鹿」，因此被處刑。

從那以後，馬鹿的意思就是屈從權力，會為了某些矛盾不通、莫名其妙的東西堅持下去。

唔嘻嘻

ぷろふぃ〜る

妖怪名：馬鹿
出沒地：村落
大小：1m50cm
異色度：ふふふふふ

參考畫：《百鬼夜行繪卷》
尾田淑太郎（鄉澄）畫（松井文庫所藏）

每次都有極蠢的姿勢

馬鹿

唔嘻嘻唔唔嘻嘻
俗話說「笨蛋在看～豬屁屁」不過，馬和鹿和豬，誰最笨呢？
笨蛋的相反的相反是笨蛋喔！

這屁
也太強了！
屁精

「屁精」，也叫「屁妖」，是愛奴*流傳的妖怪。

名字中的「屁精」，在愛奴語裡是「放屁人」，或是「放猛屁的人」；「屁妖」的意思是「屁的妖怪」，就像名字表示的，這是一個放恐怖屁的糟糕妖怪。

當一個人在家裡的時候，突然地火爐旁邊發出了「噗～」的聲音。看不到人影，但是房間裡馬上到處都發出放屁聲，漸漸臭不可聞。但是，若你也不認輸，以放屁回擊以後，聽說屁精就會退下。如果放不出屁的話，只要用嘴巴模仿屁聲，發出「噗」的聲音，也會有效果。

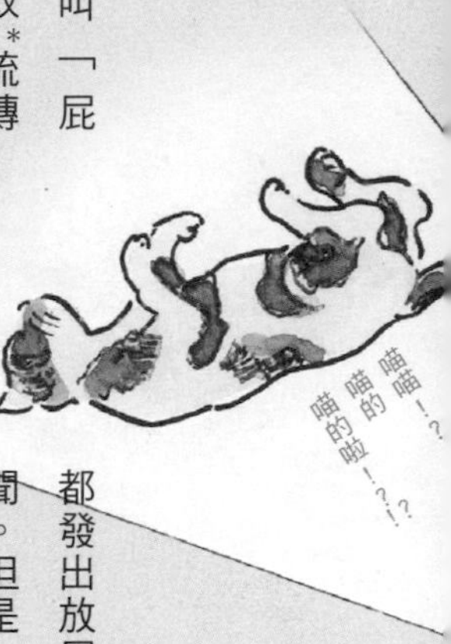

說到放屁的妖怪，河童可以用屁的氣流飛到天空；傳聞屁精曾經用屁的衝擊波損毀海上船隻，當憤怒的船員們毆殺屁精以後，發現牠的真面目原來是黑狐狸（狐狸妖）。

ぷろふぃ〜る

妖怪名：屁精
出沒地：民宅、村落
大小：1m50cm
異色度：ᘓᘓᘓᘓᘓ

＊主要居住地在北海道的原住民。

參考書：《屁合戰繪卷》菱川師信畫（收藏於早稻田大學）

下流卻有分寸的柿精

柿男

在宮城縣，有一個關於柿子的妖怪傳說。

某間寺廟小和尚所在的地方，來了一個男人。男人突然在小和尚面前開始大便，還叫小和尚用磨缽吃掉。小和尚害怕地吃掉以後，他發現嚐起來竟是好吃的柿子味。覺得不可思議的小和尚，跟和尚一起跟蹤男人。結果，男人進到深山，在大柿子樹下消失無蹤。

和尚說，那男人一定是這棵柿子樹的果實變成的妖精，於是把落在地上所有的果子收集回去。自此以後，男人就沒出現過了。

還有，同縣栗原市也留下「柿精」的民間故事。在某個宅邸工作的女人，心裡正想吃庭院裡結實的柿子，結果在半夜，出現了紅臉的粗壯男人，對她伸出手上的棒子，說：「用這個挖我的屁眼」。女人照做了以後，他又說「舔舔那根棒子」。女人害怕地舔了以後，發現棒子發出甜甜的柿子味。第二天早上醒來以後，一看庭院的柿子樹，有個果實像是被棒子挖過一樣。

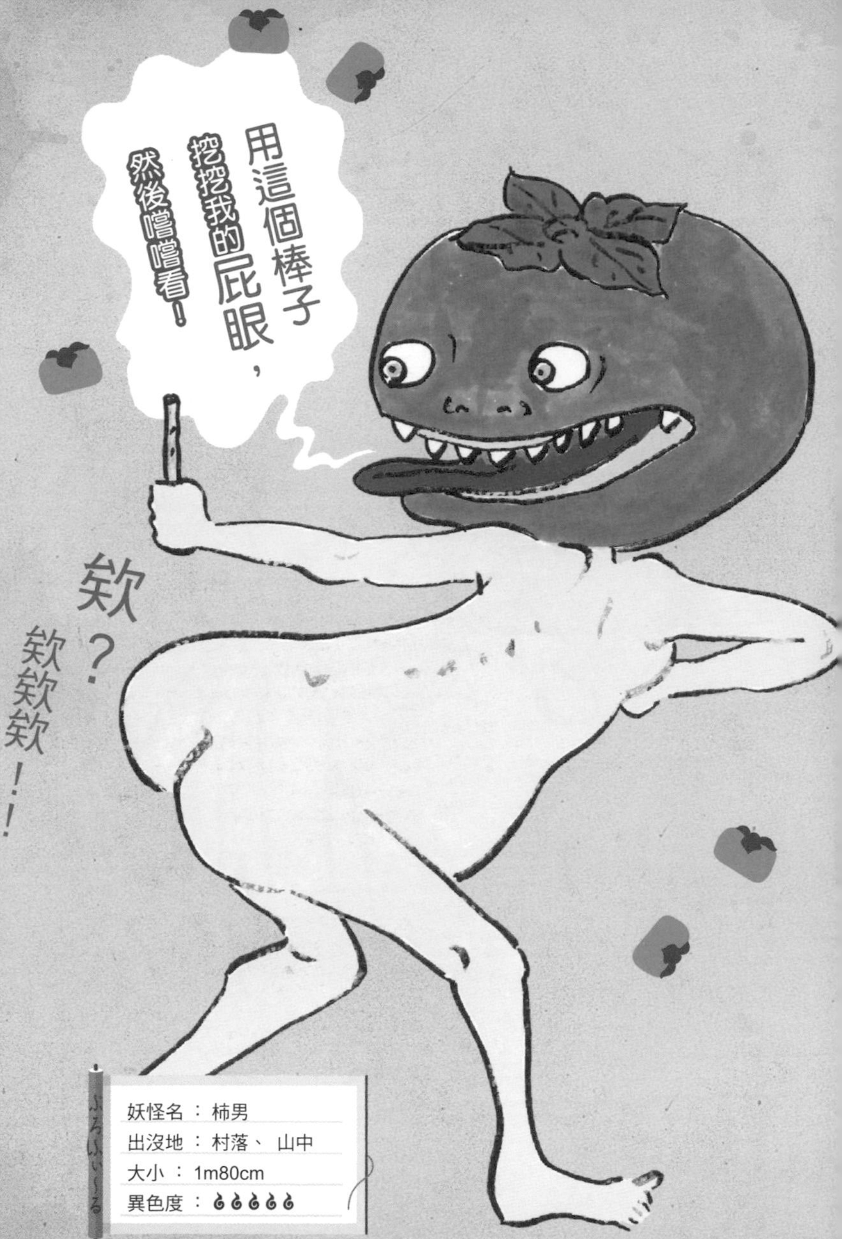
用這個棒子
挖挖我的屁眼，
然後嚐嚐看！
欸？
欸欸欸！！
ぷろふぃーる

妖怪名：柿男
出沒地：村落、山中
大小：1m80cm
異色度：🔥🔥🔥🔥🔥

參考資料：以民間故事為底本的再創作

ぷろふぃーる

妖怪名	加牟波理入道
出沒地	廁所
大小	不明
異色度	◎◎◎◎◎

＊　江戶時代後期肥前國平戶藩第9代藩主松浦清（號靜山）寫的隨筆集。

參考書：《今昔畫圖續百鬼》鳥山石燕畫（收藏於東北大學附屬圖書館）

雖然會偷窺廁所，可是他一點也不好色？

加牟波理入道

「加牟波理入道」是日本各地傳說中出現在廁所的妖怪，在妖怪畫集《今昔畫圖續百鬼》裡，畫了像幽靈般沒有腳的入道（佛教的修行人），從嘴巴裡吐出了杜鵑鳥的樣子。

解說文裡寫著，在除夕夜只要誦念「加牟波理入道杜鵑鳥」的話，這個妖怪就不會再出現。

另一方面，岡山縣常把加牟波理入道和「見越入道」（130頁）搞混，據說岡山縣這裡認為除夕夜在廁所唸咒的話，會出現威脅人的修正人，所以不應該念咒。

在兵庫縣，則說唸三次咒語的話，人類的首級會掉下，如果把它拿回房間的話，會變成黃金。《甲子夜話》*裡也有相似的故事，裡面記載了進廁所唸了名字以後，出現了入道的頭，把它揣進左邊袖子裡，變成了小判（錢）。

本來以為是會偷窺廁所的好色妖怪，但好像在某些地方，也是會為人帶來財富的「廁所之神」。

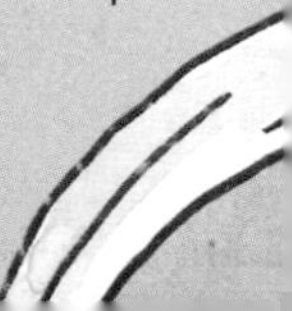

跑百米只要6秒鐘？！

裂嘴女

戴著大大口罩的長髮年輕女性，穿著鮮紅色的外套登場，她問剛下課的小孩子「我，漂亮嗎？」如果回答她「漂亮」的話，她就會拿下口罩，再問「這樣也漂亮嗎？」一看她的嘴巴裂到耳朵根部。

但如果回答她「不漂亮」，就會被她用菜刀或利剪當場砍死。

這是昭和54年（1979年）春天帶給日本全國中小學生無限恐怖、導致發展到集體放學和巡邏車出動的「裂嘴女」都市傳說。

裂嘴女第一次在媒體出現是昭和54年（1979年）的1月，《岐阜日日新聞》報導有一位要去上廁所的老婆婆，看到裂嘴女嚇到膽子都快破了，這是媒體報導的開始。之後，在各地發生加了不同的改編故事的裂嘴女傳說，傳到全日本。

她的真目面雖然並不十分明確，不過其中有「身高超過2公尺」、「跑100公尺只要6秒」等各種謠言，但也有像是「複誦三次『髮蠟』，裂嘴女就會害怕，這時可以趁隙脫逃」，這種以假亂真的防衛術。

「我，漂亮嗎？」

「嗯？普通吧？」

呃，「不漂亮」之類的說法根本說不出來，**連嘴巴裂了啦**都說不出來啊！

ぷろふぃ〜る

妖怪名：裂嘴女

出沒地：城鎮、通學路

大小：1m60cm

（有 2m 以上的說法）

異色度：🔥🔥🔥🔥🔥

參考資料：根據都市傳說創作

身輕如貓般，會襲擊女性的

黑髮切

江戶時代，在不知不覺間被剪斷頭髮的怪異報告很多，據說是「斷髮魔」（76頁）做的。

「黑髮切」跟斷髮魔一樣都是剪人頭髮的妖怪，和斷髮魔不一樣的是，斷髮魔在本人沒發覺的狀況下剪掉頭髮，黑髮切是強行用蠻力扯掉頭髮。

根據幕末的錦繪《髮切之奇談》，某個宅邸的女僕在深夜要如廁的路上，不知道是被什麼突然從背後襲擊，咬下了頭髮。

聽到慘叫的宅邸的人們趕來一看，昏到的女僕的旁邊，掉了被咬下的頭髮，黑暗裡，好像潛伏著什麼一般緩緩蠕動著。

人們逼近後，像貓一樣身型的妖怪就跑走了，全身都長滿黑色的毛的妖怪啃咬著女僕的頭髮的樣子，就因此被描繪了下來。

和巨大的身體相反，傳說中的「黑髮切」是身輕如貓的妖怪。

ふろふぃーる

妖怪名：黑髮切
出沒地：人宅、村落
大小：2m
異色度：🌀🌀🌀🌀🌀

參考書：《髮切之奇談》歌川芳藤畫
（收藏於江戶東京博物館）

毫無意義的事也能起笑的

大隻女

倩兮女

「倩兮女」可見於江戶時代的妖怪畫集《今昔百鬼拾遺》裡，穿著和服的巨大女子，畫中她越過圍牆，用跳舞般的姿勢大笑。從那幅畫看起來，可以推測她的身高大概有五公尺左右。

「就連筷子掉在地上都覺得好笑的年紀」，像日本俗語所說的，十幾歲的女孩子，即使連沒什麼好笑的事都會覺得有趣笑起來，不禁覺得倩兮女也是這種年輕的妖怪，不過解說說這個妖怪的真面目是玩弄了很多男人的女性幽靈。

「笑門來福」，笑通常給人正面的印像，但倩兮女的笑聲會帶給人不安的感覺，看起來是跟福氣完全無緣的糟糕妖怪。

順道一提，高知縣傳說也有相似的女妖「笑女」，也一樣會高聲大笑。高知縣這邊，流傳的是17、18歲的年輕女孩，在採山藥的兩個老婆婆的眼前出現，大笑出聲，老婆婆們也被影響不禁笑了出來，女孩們不見之後也還是忍俊不住，結果發了好幾天的熱病。

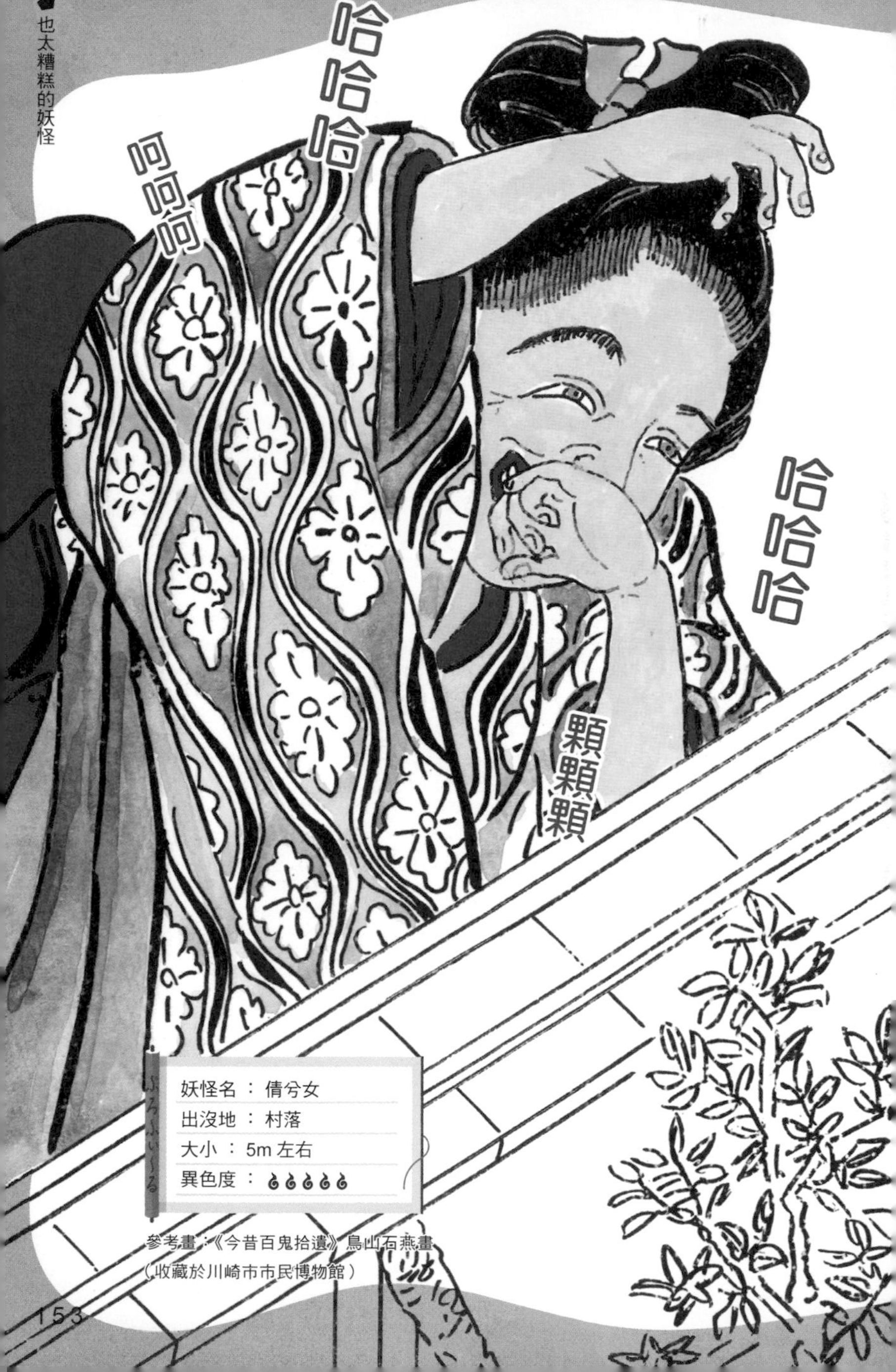

ぷろふぃーる

妖怪名 ： 倩兮女
出沒地 ： 村落
大小 ： 5m 左右
異色度 ： ১১১১১১

參考畫：《今昔百鬼拾遺》鳥山石燕畫
（收藏於川崎市市民博物館）

ぷろふぃ~る

妖怪名 ： 狐者異
出沒地 ： 村落
大小 ： 1m50cm 左右
異色度 ： 🝆🝆🝆🝆🝆

* 晚上在攤販走賣的烏龍麵

參考書：《繪本百物語》桃山人夜語
竹原春泉畫（收藏於川崎市市民博物館）

食物被吃掉的怨念果然好恐怖

狐者異

「狐者異」出現在江戶時代的奇談集《繪本百物語 桃山人夜話》，書中畫了他充血的眼球，以及想去偷吃宵夜攤的烏龍麵的樣子。

在解說裡寫著，他活著的時候，毫不在乎地偷吃別人的東西，死掉以後也變化成各種姿態，破壞社會秩序，屬於很貪婪的妖怪。

也有人認為，「狐者異」的日文拼音「こわい」，就是「恐怖」的語源。

關於這幅妖怪畫，有人認為吃烏龍麵不會飽很久，吃了也很快就餓了，所以象徵狐者異的貪婪。

佛教認為貪婪卑下的生物會轉生到「餓鬼」界。餓鬼永遠苦於飢渴，只要一拿到任何的的食物飲料，手上的東西會瞬間變成火，永遠無法得到滿足。

狐者異，也許就是那些苦於飢餓的餓鬼，在這個塵世迷惘的樣子吧。

「被認為是某種「無臉男」。在《蕪村妖怪繪卷》裡，他的樣子是沒有眼睛、鼻子、嘴巴的無臉男，全身赤裸，只有屁眼上有一個看著這裡的眼睛，記載中它出現在京都城裡。

　在夜路裡突然碰上無臉男就已經夠恐怖了，但是，這隻「尻目」沒那麼容易善罷甘休。

　看到無臉男的臉嚇壞的人，無臉男用「尻目」（日文原意是有意識但刻意忽視）看他，脫了衣服全身赤裸，再把屁股

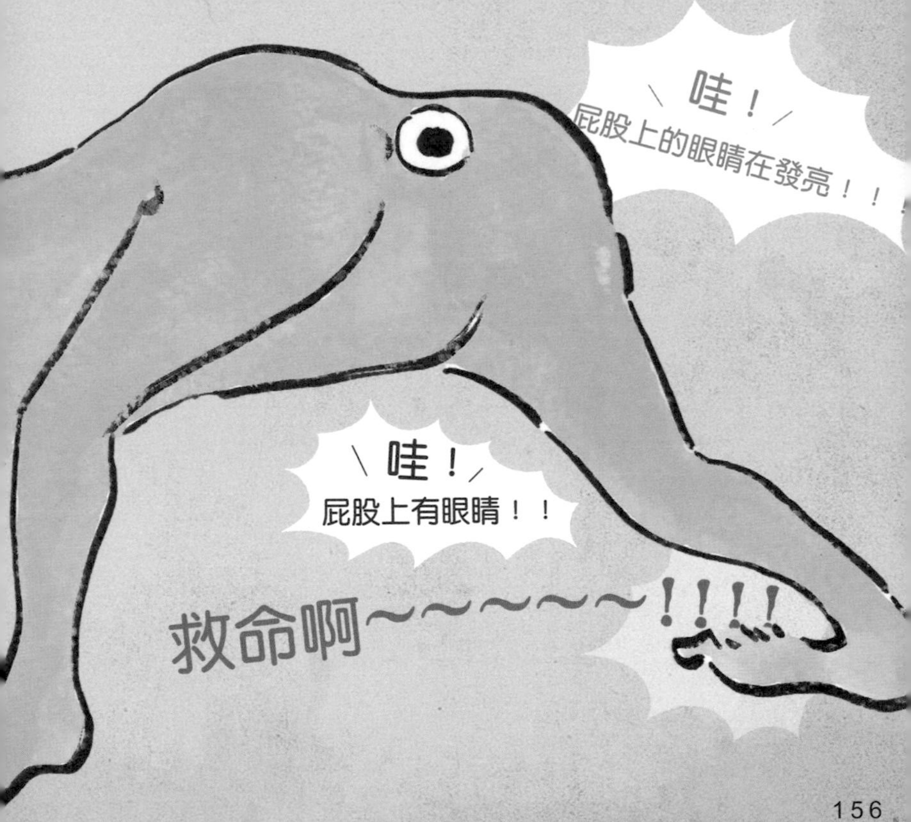
哇！
屁股上的眼睛在發亮！！！
哇！
屁股上有眼睛！！
救命啊～～～～～！！！！

上的單眼朝向對方，再次驚嚇對方。

碰到他的人，在無臉的驚嚇上，又加上屁股上長眼睛的雙重驚嚇，然後，還有更恐怖的猛招，也就是屁股上的單眼會像打雷一樣用閃光嚇唬人。

會如此鍥而不捨地連續三次威嚇人不相干的人，實在是相當恐怖的妖怪，不過也不知道幹嘛做到那地步。

好像只是看到人家驚嚇的樣子就很開心，也不會再做出更誇張的舉動了。

連續威嚇三次的恐怖傢伙

尻目

ぷろふぃーる

妖怪名：尻目
出沒地：村落
大小：1m40cm
異色度：

參考書：《蕪村妖怪繪卷》與謝蕪村畫
（收藏於東北大學附屬圖書館）

在高速公路碰上
這傢伙就太危險了

人面犬

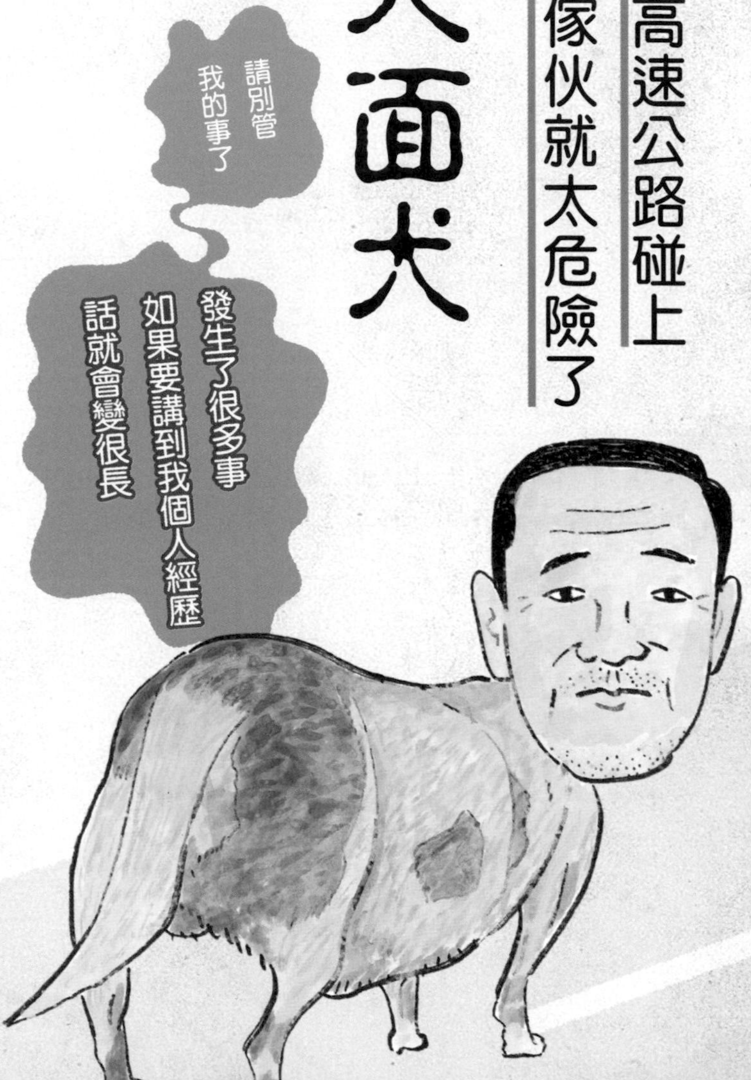
請別管我的事了
發生了很多事如果要講到我個人經歷話就會變很長

參考資料：根據都市傳說創作

人面犬」的謠言，是從平成元（1989）年到隔年，主要流行在中小學生之間的都市傳說。目擊者說，在鬧區或公園等地方有翻垃圾箱的狗，如果跟它搭話，他會回頭說「不要管我」，臉是看起來很寒酸的中年男。

還有像是「行駛在高速高路上的車子，如果被人面犬追趕上的話，就會發生車禍」的謠言，或是「它能跳超過6公尺」之類的小故事在民間也散播的很廣。

人面犬的真面目為何？關於這點，有人說是因為被解雇而自殺的中年男子，怨念附身在狗身上，也有說是因為環境污染引起的突變人，總之無法確定。

其實，人面犬的傳說自古有之，搜羅了江戶時代的事件和城鎮話題的《街談文文集要》*裡，就記載了江戶某家，飼養的母狗生出來的四隻小狗中，有一隻長了人臉。主人把它拍賣展示以後，前來觀看的看客擠得水洩不通，獲得了超級人氣。

ぷろふぃーる

妖怪名：人面犬
出沒地：城鎮、公園
大小：中型犬
異色度：

＊文人石塚壹芥子所搜集紀錄的，發生在文化·文政時期城裡的事件和話題的史料集。

參考畫：《今昔畫圖續百鬼》鳥山石燕畫
（收藏於東北大學附屬圖書館）

潛伏在天井深處的怪物

天井怪

在晚上的燈光只能依靠行燈（從前的照明器具）和蠟燭光點亮的時代，燈光照不到的天井陰暗處，似乎潛伏著什麼怪物。會這樣想也是很自然的。

從前的人都認為，漆黑的天井內部是怪物棲居的異界，他們相信裡面有住了鬼或散落了鬼物啃食的屍體。

「天井怪」就是那類異界的居民，會在半夜突然從天井現身，驚嚇人的妖怪。

在《今昔畫圖續百鬼》中，畫了披頭散髮的醜陋老女人，倒掛在天井的樣子。全身長滿了毛，笑吟吟的，解說文裡有「並非美人」的記載。

其實現在很少這麼說了，不過以前有「給你看天井」的說法，是「仰躺卻起不來」的意思，表示折磨人。

天井怪，就像是他的名字一樣，好像是讓人看天井，折磨人的妖怪。

用舌頭把骯髒的

天井舔得乾乾淨淨

舔天井妖

妖怪裡，有些跟人類吃一樣的食物，有些我們不知道他們的主食是什麼，也有些吃的是像油或水垢那種我們不覺得有營養的東西。

「舔天井妖」也是那種妖怪，聽說他嘗的是天井上黏著的灰塵、黴菌或是蜘蛛巢。

這樣聽來，也許有人會認為他幫我們把天井舔乾淨，這樣不用打掃也樂得輕鬆，可是，其實舔拭，反而會帶上髒污的痕跡，是很麻煩的妖怪。

江戶時代的妖怪畫集《百器徒然袋》裡，畫了它仰面、用長舌舔拭天井的姿態。

以前的民宅中，因為考慮到炎熱的夏天，所以喜歡挑高天井。所以到了冬天，房子裡很寒冷，因為陽光照不到，所以十分陰暗。在解說文裡，記錄了這種「冬日寒涼、燈火黯淡」的狀況，並非因為房子的構造，而是舔天井妖造成的問題。

ぷろふぃーる

妖怪名：舔天井妖
出沒地：民宅、 大堂等
大小：1m30cm
異色度：

參考畫：《百器徒然袋》
鳥山石燕畫
（收藏於川崎市市民博物館）

長了兩隻角的謎樣妖怪

苦笑精

感到痛苦難耐但也不能生氣，沒辦法只好用笑來掩飾，這叫做「苦笑」。很多妖怪繪卷都描繪了苦笑精。

早到室町時代的《百鬼夜行繪卷》就可看到，它長了兩隻角，綠色野獸般的怪物，衣服褪到肩膀。不同的繪卷有一些有長了尾巴，或是體毛濃密等若干差異，不過畫的形象都大同小異。

繪卷物都沒寫明這究竟是什麼樣的妖怪，不過從名字看來，應該是讓人感到痛苦的妖怪，或是從痛苦這種情感中幻化出來的妖怪。

在水木茂的《決定版 日本妖怪大全》裡，寫它「不高興或不爽的時候，明明不想笑，強迫自己陪笑，打從內心欺騙自己的時候，苦笑精就會現身」。還有，愛說毒舌的話，喜歡被人憎恨。因為掌握不到它內心真實的感覺，不舒服的感覺更強烈了。

苦笑呢，
是在生氣嗎？
還是在笑呢？

我來回答吧！
苦笑是要
壓抑怒氣時
發出來的笑

所以啊，
不用問我
是怒還是笑啦！！

那個……啊……
哈哈哈哈哈……

假笑啦！

ぷろふぃーる

妖怪名：苦笑妖
出沒地：村落
大小：1m30cm
異色度：

參考畫：《百鬼夜行繪卷》
尾田淑太郎（鄉澄）畫
（收藏於松井文庫）

平臉怪

大扁臉卻武勇過人的一頭身

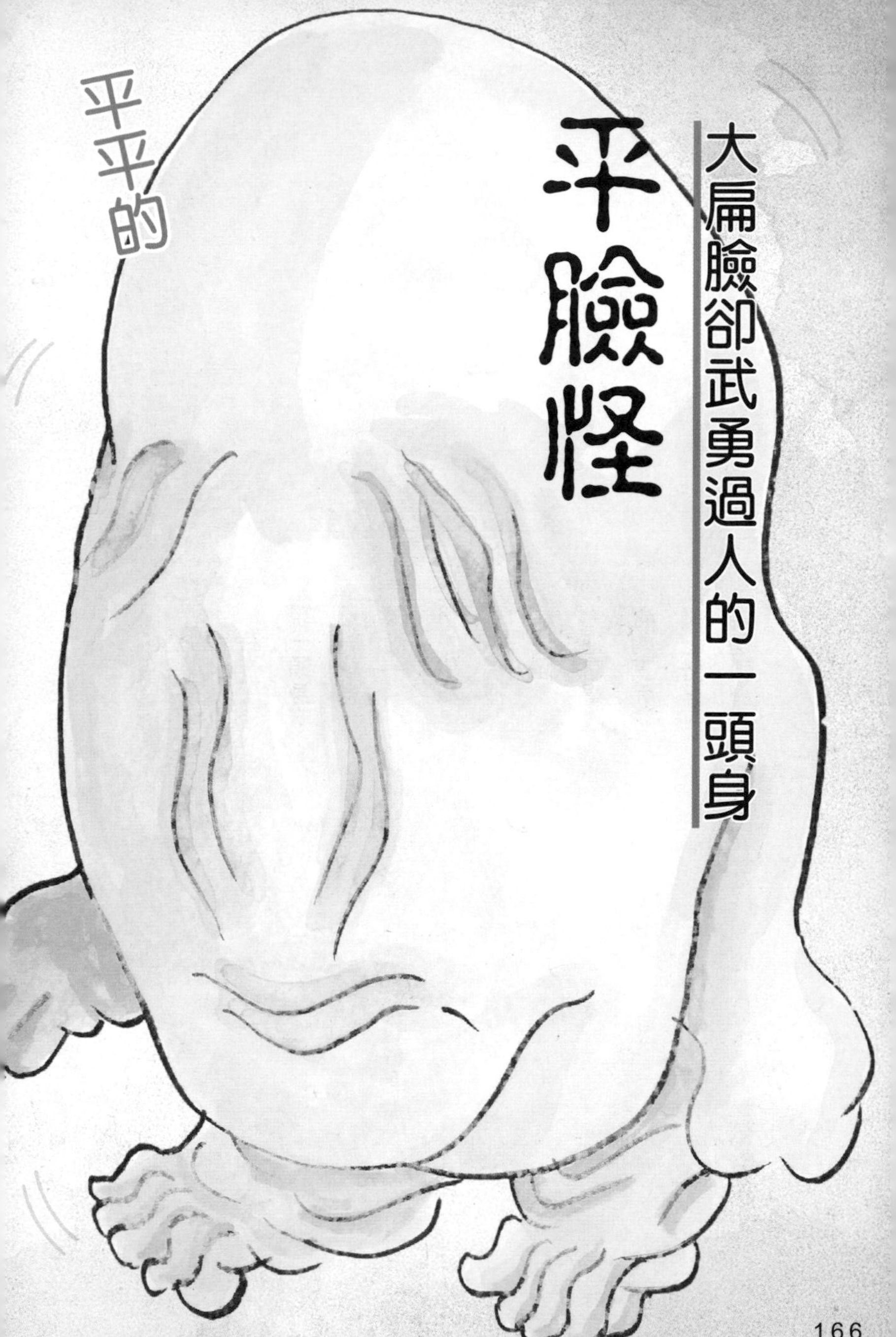

平平的

ぷろふぃ～る

妖怪名：平臉怪
出沒地：村落
大小：1m30cm
異色度：ಠಠಠಠಠ

參考書：《百怪圖卷》佐脇嵩之畫
（收藏於福岡市博物館）

沒有鼻子，也沒有嘴巴的「平臉怪」，又被稱為「平臉」或「扁扁」，比例呈現一頭身像是肉塊般的妖怪，臉上五官模糊、看不出是眼睛鼻子還是皺紋。

江戶時代的洒落本（小說的一種）《新吾左出放題盲牛》裡這樣記載「有種怪物稱為扁臉怪，無目亦無耳」，所以也有人把它看作是「無臉怪」的一種，它的真面目有許多說法，有人認為是老蛙怪所變幻而成的，也有人認為是狐狸或狸貓類，或是死屍所變成的妖怪。

由於平臉怪的行動和目的不明，有文獻記載它「出現於寺中」，根據洒落本的說法，「吸食死人油脂，從前變化為醫者而出」。

相對的，也有傳說記載，平臉怪是出現在中國最古老的妖怪圖鑑《白澤圖》裡的「封」妖怪，如果吃了它的肉就會武勇過人，得到超人的力量，和德川家康在駿府城時出現的妖怪一樣。

很多繪卷都曾描繪過的妖怪——滑瓢老頭，他的頭部後方長相詭異，禿頭老人，穿著和服或是和尚袈裟。

有人說他是「妖怪總大將」，不過感覺不到他身上的大將風，看起來就像個虛弱的老人家。

行動模式也曖昧不明，在忙碌的傍晚，不知從哪裡飄然現身，隨隨便便進去別人家，啜著茶，或是輕鬆地拿起主人的煙斗噴煙。總之是非常麻煩的人物。就是那種「唯我獨尊老頭」型的妖怪。

《畫圖百鬼夜行》畫了他從轎子出來進到別人家的樣子。關於這畫作，在《日本謎樣妖怪・怪奇・妖人事典》裡，解釋為什麼會畫他從轎子裡出來，應該是從交通工具下來和他的名字「滑瓢（ぬらりん）」同音雙關，所以會有那樣的畫。

完全不會加害人，可是會很想跟他說「厚臉皮也要有限度」的糟糕妖怪。

ぷろふぃ〜る

妖怪名：滑瓢老頭
出沒地：民宅、村落
大小：1m50cm
異色度：🌀🌀🌀🌀🌀

參考畫：《百怪圖卷》佐脇嵩之畫
（收藏於福岡市立博物館）

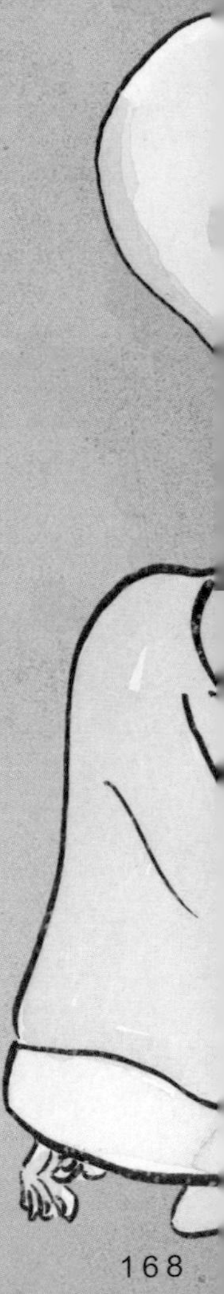

隨便進入別人家的厚臉皮妖怪
滑瓢老頭

好像剛接了吻的紅唇好醜啊

寒毛立

肩膀很硬嗎？
知道了
讓我來幫你揉揉好咩？

醜死了！
別碰我禿頭！！

參考書：《化物盡繪卷》北齋季親畫
（收藏於國際日本文化研究所）

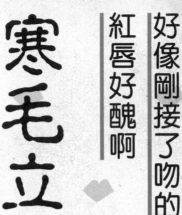

頭上光光的，赤裸的上半身卻滿是硬毛，這隻妖怪叫做「寒毛立」，很多繪卷描繪過它的樣子。

也許因為他看起來全身體毛都立了起來，所以被叫做寒毛立，不過，因為寒冷或恐懼，身上的寒毛都會豎起來，這稱為「寒毛直豎」，所以它可能是會給人強烈恐怖感的妖怪。

聳著背，好像要說出「想親親」一樣地撅起嘴唇，踮著腳尖的樣子，看起來就像是糟糕的好色變態大叔，如果碰到了它，一定全身的寒毛都會豎起來吧。

在《百鬼夜行繪卷》裡，畫了同樣的妖怪，被稱為「噘噘坊」。妖怪研究家多田克己認為，這是隻無法區別是非善惡的愚蠢妖怪，被責怪了以後什麼也說不出口，只會噘著嘴。（根據《妖怪圖卷》解說）

ふろふぃ〜る

妖怪名：寒毛立
出沒地：民宅、村落
大小：1m50cm
異色度：

半夜偷偷來奪走別人的吻

山地乳

「山地乳」，可見於奇談集《繪本百物語 桃山人夜話》，長得像猴子的妖怪噘起了嘴巴，偷偷奪走睡著的男性的吻，看起來是相當糟糕的妖怪。

根據這本書，蝙蝠老了以後會變成「野衾」（108頁），再上了年紀就會變成山地乳，棲隱在山里，在深山裡它被稱為「覺怪」。

這隻「覺怪」，是中央阿爾卑斯*到穗高連峰附近住的妖怪，一般認為和可以讀出人心的「覺」是一樣的。

山地乳大多棲息在奧州（現在的日本境內東北地方），會吸取睡著的人的鼻息，被吸取氣息的人，聽說第二天就會死亡。據說睡著時被吸走氣息的人，如果被敲打胸部的話，就會當場死亡。

不過，聽說如果被其他人目擊到鼻息被吸走的樣子，反而會延年益壽呢。

參考畫：《繪本百物語—桃山人夜話》竹原春泉畫（收藏於川崎市市民博物館）

＊長野縣的山岳連峰

ぷろふぃ～る

妖怪名：山地乳
出沒地：旅宿、民宅、山裡
大小：1m50cm
異色度：🌀🌀🌀🌀🌀

後記

如果有人說「我看過河童」的話，一定會被別人認為都老大不小了到底在說什麼，或許還會被嘲笑「腦袋怪怪的」吧。雖然如此，我自己，理性上或許也覺得河童之類的東西不可能存在，可是在遙遠的少年時日，卻親眼看過不可思議的東西。

我在高知縣的鄉下四萬十川河口邊的小鎮長大。四萬十川，聽說從前住著河童一類的「猿猴」，文久三年，傳說河口附近一個叫間崎的地區，漁夫們還曾經活捉猿猴。我看到的是妖怪在四萬十川河口稍微南邊的海岸，它們正從山邊朝海邊往下走的樣子，因為越來越靠近，我嚇得跑走了。那之後又不知道過了多少年，我翻閱妖怪相關的文獻，才知道原來那不是猿猴，是「河怪」（118頁）。

長大以後，我很幸運能和水木茂老師以及監修本書的荒俣宏老師一起工作。第一次見到水木老師時，我問他：「您看過妖怪嗎？」結果他回答我：「沒有，妖怪是感覺到的。」我說起小學時的體驗，他說「小孩子或是妖怪敏感度較高的人，偶爾會看得到。」我稱讚水木先生的妖怪畫，他卻回我「妖怪畫不需要作家特質，不能隨便創作」。不過，水木老師雖然這麼說，其實創造了妖怪。像是《鬼太郎》中登場的泣子爺爺或是覆砂婆婆，雖然有相關傳承，但不存在妖怪畫。我問了他這件事，他說「有些是只有故事沒有妖怪畫的。沒辦法，就讓水木先生（水木老師這樣稱呼自己）畫出來。」水木老師的意思是，妖怪畫要畫到讓萬人一見就明白，背景裡蘊藏著有連綿不斷的文化，所以不能隨便創作。

本書從一千多種妖怪裡選出80隻「異色」妖怪，介紹了它們的特徵。至於身姿形貌，就遵從水木先生的話，以古往今來不斷描繪的眾多妖怪畫為基礎，加上一點點變形來表現。大家不妨把本書當作看漫畫或電視節目來享受，或在不經意感受到妖怪的氣息時再來翻讀也不錯。

我已經是這把年紀的成年人了，我相信妖怪現在只是不太出現而已，一定還生活在某處吧。

平成30年12月吉日　左古文男

知道越多越有趣！

日本異色妖怪事典

クセがつよい妖怪事典

監修 荒俣宏
作者 左古文男
設計 小泉 望 (MUSTARD Inc.)
翻譯 高彩雯
編輯 施文珍
主編 吳思穎
美術設計 廖健豪

KUSE GA TSUYOI YOKAI JITEN
by Fumio SAKO,
supervised by Hiroshi ARAMATA

This translation edition is published in 2019 by MOOK PUBLICATIONS CO.,LTD.

PCH生活旅遊事業總經理李淑霞**社長**李淑霞**總編輯**汪雨菁**出版公司**墨刻出版股份有限公司 **地址**台北市民生東路2段141號9樓 **電話** 886-2-25007008 **傳真**886-2-25007796 **EMAIL** mook_service@cph.com.tw **網址** www.mook.com.tw **發行公司**英屬蓋曼群島商家庭傳媒股份有限公司城邦分公司 **城邦讀書花園** www.cite.com.tw **劃撥**19863813 **戶名**書蟲股份有限公司 **香港發行所**城邦（香港）出版集團有限公司 **地址**香港灣仔洛克道193號東超商業中心1樓 **電話**852-2508-6231 **傳真**852-2578-9337 **經銷商**聯合股份有限公司（電話：886-2-29178022）金世盟實業股份有限公司 **製版印刷** 漾格科技股份有限公司 **城邦書號**KX0045 **ISBN** 978-986-289-511-5**定價**360元 **出版日期**2020年1月**初版**

<参考文献>

『鳥山石燕　画図百鬼夜行全画集』鳥山石燕・著（角川ソフィア文庫）
『桃山人夜話　～絵本百物語～』竹原春泉・画（角川ソフィア文庫）
『決定版　日本妖怪大全　妖怪・あの世・神様』水木しげる・著（講談社文庫）
『日本妖怪大事典』村上健司・編著　水木しげる・画（角川書店）
『妖怪文化入門』小松和彦・著（角川ソフィア文庫）
『日本の妖怪』小松和彦　飯倉義之・監修（宝島 SUGOI 文庫）
『百鬼夜行絵巻の謎』小松和彦・著（集英社新書ヴィジュアル版）
『全国妖怪事典』千葉幹夫・編（講談社学術文庫）
『ARTBOX ゆるかわ妖怪絵』安村敏信・著（講談社）
『ゆる妖怪カタログ』妖怪文化研究会・著（河出書房新社）
『ビジュアル版日本の妖怪百科』岩井宏實・監修（河出書房新社）
『日本の妖怪 FILE』宮本幸枝・編著（学研パブリッシング）
『妖怪図巻』京極夏彦・文　多田克己・編　解説（国書刊行会）
『妖怪萬画』辻惟雄ほか・著（青幻舎）
『新版遠野物語　付・遠野物語拾遺』柳田国男・著（角川ソフィア文庫）
『日本ミステリアス妖怪・怪奇・妖人事典』志村有弘・著（勉誠出版）
『百鬼夜行絵巻　妖怪たちが騒ぎだす』湯本豪一・著（小学館）
『今昔妖怪大鑑　湯本豪一コレクション』湯本豪一・著（パイインターナショナル）

國家圖書館出版品預行編目(CIP)資料

日本異色妖怪事典 / 左古文男圖.文 ; 高彩雯翻譯. -- 初版. -- 臺北市 : 墨刻出版 : 家庭傳媒城邦分公司發行, 2020.01
面； 公分. -- (Theme ; 45)
ISBN 978-986-289-511-5(平裝)
1.妖怪 2.日本

298.6　108021780